「沖縄保守」宣言

壁の向こうに友をつくれ

國場幸之助

K&Kプレス

もくじ

第二部　日本が直面する課題

第三部　識者との対話

第四部　特別インタビュー

はじめに

平成は2019年4月30日をもって終わり、新たな元号は「令和」となりました。令和はいったいどのような時代になるでしょうか。それは私たちは一人ひとりに懸かっています。私たちがどのように生き、どのように未来を切り開いていくか、それによって時代の形は変わっていく。私はそう信じています。

平成もまた同じだったと思います。私たち一人ひとりの生き方が平成という時代を形作ってきました。

沖縄にとって平成とは、沖縄県民が自信をつけた時代だったと思います。たとえば、安室奈美恵さんをはじめ、平成には沖縄県出身のアーティストが日本中を席巻しました。安室さんの歌は、2000年に沖縄で開催された九州・沖縄サミットのイメージソングにもなりました。

天皇陛下在位30年の記念式典で記念演奏を行った三浦大知さんも、沖縄出身です。三浦さんが披露した「歌声の響」は、天皇陛下（現・上皇陛下）が沖縄県のハンセン病療養所を訪問した際の思いを作詞され、皇后陛下（現・上皇后陛下）が作曲された琉歌です。

また、1999年の第71回選抜高校野球大会では、私の母校でもある沖縄尚学高等学校が全国制覇を成し遂げました。沖縄県勢の甲子園優勝はこれが初めてのことでした。

沖縄県の野球が強くなったのは、プロ野球の球団が沖縄でキャンプをするようになったからだと思います。幼いころから一流の選手たちの技術に触れれば、子どもたちが能力を開花させる可能性が高まるのではないでしょうか。

同じことが教育にも言えます。いま沖縄県の与那国町などでは、学習塾による双方向遠隔ライブ授業が導入されています。この塾を主催しているのは、浦添市出身の松川來仁さんです。講師たちはみな現役の東大生であり、一流の授業を行っています。

その結果、与那国は全国学力テストの正答率がトップになったこともあります。的を得たサポートがあれば、子どもたちはみなきちんとした成績を出すのです。

さらに、沖縄は平成を通して着実に経済力をつけてきました。1972年の本土復帰直後は、沖縄の基地経済への依存度は15・5%でしたが、2015年度には5・3%へ大幅に低下しています。これもまた沖縄の自信につながっていると思います。

もっとも、平成は沖縄にとって良いことばかりだったわけではありません。最大の難題は何と言っても基地問題です。

この問題が注目を集めるようになった直接的なきっかけは、1995年に起こった米兵による少女暴行事件です。小学生の少女が米兵3人に拉致されて暴行を受けるという、許しがたい事件でした。

あれから20年以上の時間が経過しました。残念ながら基地問題は解決しておらず、しかも日本政府と沖縄県の間には大きな溝が生まれてしまっています。

沖縄県を含め日本の安全保障環境が厳しくなったことも、平成の特徴です。特に中国の経済的、軍事的台頭には目を見張るものがあります。

「中国経済が強くなったと言っても、日本をちょっと追い抜いたくらいでしょう」と思っている方もいるかもしれません。しかし、内閣府によると、世界に占める主要国の名目GDPの割合は、1位はアメリカで24・1%、2位は中国で15・1%、そして3位は日本で6・0%になっています(2017暦年)。中国はすでに日本の3倍近い経済規模になっており、その差は今後もさらに拡大していくでしょう。

その一方で、アメリカの力は相対的に低下しており、東アジアへの軍事的コミットメントを大幅に変容させる素振りさえ見せています。特にトランプ大統領が誕生してから、その傾向が強くなっています。

子どもの貧困や虐待が顕在化したことも忘れてはなりません。特に沖縄県の子どもの貧困率は全国平均の約2倍です。実に3人に1人の子どもが貧困状態に置かれているのです。

私はこうした問題を解決できるのは「保守」政治家だけだと思っています。沖縄では「保守」というと、日本政府と一緒に基地を押しつけてくる存在と見られがちです。また、いわゆる本土の人たちの中には、沖縄が政府批判を強めているため、「沖縄に保守などいない」と考えている人もいるかもしれません。

しかし、これらは私の抱く保守のイメージとは違います。私は保守の本質は寛容性にあると考えています。自分とは違う考えを持っていたり、異なる歴史を歩んできた他者を受け入れ、包み込むこと。これこそが保守のあるべき姿です。本書の副題「壁の向こうに友をつくれ」には、その思いを込めたつもりです。

平成の沖縄を振り返ると、保守政治家たちが意見の異なる他者と対話し、物事を動かしてきたことがわかります。本書では彼らの業績を振り返ることで、現状を打開するための方策を探りました。また、日本を代表する識者の方々との対談を通じて、沖縄の保守政治家の役割について考えました。主要参考文献は巻末に掲載しています。

本書が新たな時代を切り開くための一助となれば、それに優る喜びはありません。

第一部　平成の沖縄

中国の台頭やアメリカの影響力の相対的低下、急速な少子高齢化、拡大する財政赤字、そしてサイバー兵器やＡＩの発展……。日本はかつてない大変動に直面しています。

こうした状況に対処するためには、これまでの考え方にとらわれず、新たな発想を身につけていかなければなりません。私たち自身、変化が求められているのです。

その一方で、これまでと同じように大切に守り、次世代まで継承していかなければならないものもあります。

私はそれは「平和国家という国是」だと考えています。

戦後74年の歩みの中で、日本は一度も戦争をせずに今日まで来ることができました。ベトナム戦争やイラク戦争などに兵站として参加したという見方もできますが、直接戦争によって亡くなった日本人は一人もいません。

過去を振り返ると、明治維新が起こった１８６８年から１９４２年までの74年間に、日本は何度も戦争を行い、そのたびに多くの命を失ってきました。沖縄では沖縄戦により、県民の４人に１人が命を落としました。

そこから考えれば、戦後の日本が世界史の中でも特別な歩みを進めてきたことがわかると思います。

この平和は決して偶然によってもたらされたものではありません。戦後を生きた人々が、血の滲むような努力を重ねながら獲得してきたものです。

私は沖縄県議会議員のころから、平和のために尽力してきた政治家たちの姿を見てきました。彼らからは政治的主張やイデオロギーの違いを超え、政治家として多くのことを学びました。

平成の日本、そして平成の沖縄が戦争のない時代だったのも、彼らの努力によるところが大きいと思います。

いまではその多くは故人となってしまいましたが、いまこそ彼らから学ばなければならないことは多いはずです。

以下では平成の沖縄を振り返りつつ、私が影響を受けた政治家たちの足跡をたどることで、彼らから何を受け継いでいくべきかを考えていきたいと思います。

壁の向こうに友をつくれ

壮絶な戦争体験

平成の沖縄は、大田昌秀沖縄県知事の誕生とともに始まったと言ってもいいと思います。大田先生はカリスマ的人気と優れた学識を背景に、１９９０年（平成２年）から１９９８年まで沖縄県知事を務めました。

政治家・大田昌秀の根本にあったのは、沖縄戦に従軍した経験です。大田知事は沖縄師範学校在学中に学徒動員され、「鉄血勤皇隊」に編入されます。そして、小銃や手榴弾を持たされ、戦場に投入されました。

大田知事は様々な著書の中で当時のことを振り返っています。「沖縄県民の生命を守るために来た」と公言していた日本兵たちが、赤ん坊を抱きかかえた母親たちを壕から追い出したこと。怪我をして倒れていたとき、友人が食料をくれたこと。そして、その友人がそのまま敵陣に切り込んでいったこと。米兵がまるでスポーツでも楽しむかのように敗残兵たちを狙い撃ちにしていたこと……。

大田先生は「こんな苦しみを味わうくらいならばいっそ死んだ方がましだ」と、何度も手榴弾に手を伸ばしたといいます。

もともと私は沖縄県知事選挙で大田知事を破った稲嶺恵一候補の随行秘書を務めていたため、大田知事とは政治的に対立する立場にいました。しかし、大田先生の晩年のころには、節目節目でお会いし、お話をうかがっていました。

大田先生が私に声をかけてくれたのは、私の父と親しかったからだと思います。私の父の知人に、大田先生と一緒に鉄血勤皇隊に参加した経験のある方がいました。あの戦場をともに生き抜いたわけですから、二人の友情は非常に強固なものだったと思います。

大田先生によると、その方が病気で亡くなったとき、真っ先にお通夜に駆けつけたのが私の父だったそうです。大田先生は非常に喜び、「あなたのお父さんはとても素晴らしい人だ」と言っていました。

大田先生は時折、私の父と一緒にお酒も飲んでいたようです。大田知事周辺の方に聞いたところ、大田先生は人からもらった名刺を、「再び連絡する人」と「そうではない人」にわけており、私の父は「再び連絡する人」に分類されていたそうです。

大田先生からは折に触れてアドバイスもいただきました。私が国政選挙に落選していたころ、沖縄県で中国のウイグル弾圧を批判するシンポジウムが開催されました。私は来賓として挨拶し、中国の少数民族弾圧を批判しました。

それから数週間後、大田先生にお会いする機会がありました。大田先生はどこで聞きつけたのか、私がシンポジウムで中国批判をしたことをご存知でした。そして、「もう少し大局的な視点を持ちなさい」といったアドバイスをしてくれました。政治的見解には違いもありましたが、いつも気にかけていただいていたのだろうと思います。

少女暴行事件の衝撃

大田知事は自らの戦争経験に基づき、政治に取り組んでいました。二度と戦争のない世界を作る――。その強い信念のもと、米軍基地問題解決のために奔走し、普天間問題を全国の課題にまで高めました。

普天間基地問題が浮上する直接的なきっかけとなったのは、1995年に起こった米兵による少女暴行事件です。当時まだ小学生だった少女が米兵3人に暴行を受けるという、許しがたい事件でした。

沖縄県内ではかつてないほど怒りの声があがり、県民総決起大会が開催されました。大田知事も大会に出席し、「少女の尊厳を守れなかった」と謝罪しました。

もっとも、沖縄県民が怒っていたのは米兵に対してだけではありません。日本政府の対応にも多くの批判が寄せられていました。

そのころ政界では、自民党・社会党・さきがけによる連立政権が誕生していました。総理大臣を務めていたのは社会党の村山富市氏です。村山談話で知られるように、近隣諸国との関係改善や人権問題に関心を持つリベラルな総理大臣でした。

事件を受けて、大田知事は日本政府に申し入れを行います。そして、事件の再発防止や日米地位協定の改定などを求めました。

しかし、当時の河野洋平外務大臣は「現時点で地位協定を見直す考えはない」として、地位協定についてアメリカと協議することを拒否したのです。

もちろん村山政権が沖縄県の基地負担を軽視していたということではありません。1995年1月に村山総理はアメリカのクリントン大統領と首脳会談を行い、沖縄米軍基地の整理・統合に努力することで合意しています。これにより、長年の懸案であった三事業、すなわち那覇軍港の返還、読谷《よみたん》補助飛行場の返還、県道104号線越え実弾射撃訓練の移転に取り組むことになりました。

しかし、村山内閣はこの負担軽減を実現しないまま退陣してしまいます。これら三事業のうち、県道104号線越え実弾射撃訓練の移転は、次の橋本龍太郎内閣のときに成し遂げられます。これを主導してくれたのは鈴木宗男先生です。

鈴木先生自身は村山政権時代、射撃訓練の移転先は村山総理の地元である大分県の日出《ひじゅ》生台《うだい》演習場になるものだと思っていたようです。しかし、村山総理は退陣し、その後もなかなか移転先が決まりませんでした。

そこで、鈴木先生は次の選挙で落選するリスクがともなうことも覚悟の上で、自分の選挙区にある矢臼別《やうすべつ》大演習場への受け入れを決断してくれたのです。

沖縄のために努力してくれた政治家の方々はたくさんいます。しかし、ここまでリスクを負ってくれたのは鈴木先生だけではないでしょうか。その歴史的事実は忘れてはならないと思います。

県民投票直後に会談

普天間基地問題が大きく動き出したのは、橋本内閣が誕生してからです。橋本総理は沖縄に対して熱い思いを持っており、基地問題解決のために全力を尽くしてくれました。

橋本先生は総理になった直後、アメリカを訪問し、サンタモニカでクリントン大統領と首脳会談を行います。そして、これが初めての日米首脳会談だったにもかかわらず、アメリカ側に普天間基地返還という厳しい要求を突きつけたのです。

元朝日新聞記者の船橋洋一氏の著書『同盟漂流』（岩波書店）には、そのときのことが詳しく描かれています。

橋本総理は当初から、クリントン大統領との初めての会談で普天間問題を持ち出そうと考えていました。これに対して、田中均外務省北米局審議官や秋山昌弘防衛庁防衛局長たちは難色を示します。彼らはアメリカ側とのやり取りの中で、普天間返還がいかに難しい問題であるかを聞かされていたのです。

しかし、橋本総理は周囲に反対されたからこそ、何としてもこの問題をアメリカと議論しなければならないと考えたのです。

このとき橋本総理にとって幸運だったのは、アメリカ側にも沖縄の事情に詳しい人たちがいたことです。たとえば、クリントン政権の国防長官だったウィリアム・ペリーがそうです。

ペリーは1945年にアメリカ陸軍に入隊し、沖縄に派遣されます。そこで徹底的に破壊し尽くされた沖縄の姿を目にしました。

彼はそのとき、戦争には栄光が存在しないという教訓を得たといいます。こうした経験がクリントン政権の普天間返還を後押ししたのだと思います。

また、橋本総理はアメリカとだけでなく、大田知事とも会談を重ねています。その数は何と17回にも及びました。沖縄県知事とこれほど会談を行った総理大臣は、いまだかつていません。

橋本総理はどんなに厳しい状況の中でも大田知事との会談を拒否することはありませんでした。

1996年9月8日には、沖縄県で日米地位協定の見直し及び基地の整理・縮小に関する県民投票が行われました。投票率は約60%、基地の整理・縮小と日米地位協定の見直しに賛成した割合は89%に達しました。

橋本総理はその2日後に大田知事と会談し、米軍基地の整理・統合・縮小に全力で取り組むことなどを約束します。そして、米軍基地問題や振興策など、沖縄に関する基本政策を協議する場として、内閣府に沖縄政策協議会を設置したのです。

この座長についたのは梶山静六内閣官房長官でした。梶山官房長官は陸軍航空士官学校出身で、先の戦争でご兄弟を亡くしています。戦争の悲惨さを誰よりも理解されていた方だと思います。

梶山先生は沖縄政策協議会の初会合が官邸で開催された際、「沖縄の人たちで官邸を〝ハイジャック〟してほしい」とおっしゃったそうです。それほど沖縄の基地問題に本気だったということです。

海底に沈んだ対馬丸

橋本総理が沖縄のことを真剣に考えてくれていたことは、「対馬丸」をめぐる対応からもわかります。対馬丸撃沈事件はあまり広く知られていないようですが、沖縄県だけでなく日本にとっても非常に重大な問題です。

戦前の日本は本土決戦が近づく中、沖縄の住民たちを県外へ疎開させました。沖縄では食料や兵站に限りがあったため、住民が残っていると差し障りがあると考えられたのです。このとき私の父や叔母も熊本県に疎開しています。

しかし、疎開はあまりスムーズに進みませんでした。政府はそこで、何とか学童だけでも疎開させようとしていたようです。

このとき学童疎開のために用いられた輸送船の一つが対馬丸です。対馬丸は学童ら1788人を乗せて九州へ向かいました。

ところがその航海中、アメリカの潜水艦ボーフィン号から魚雷攻撃を受けたのです。犠牲者は身元がわかっている方だけでも１４８２人に及びました。そのうち７８４人が学童でした（２０１６年現在）。

しかし、当時の日本政府は国内の批判を恐れたのか、対馬丸沈没事件に関して箝口令を敷きます。そのため、対馬丸の生存者たちが沖縄に戻ったとき、「うちの子どもはどうしたのか」と聞かれ、何も答えられず辛い思いをした方もいたそうです。

対馬丸は撃沈されたあと、長らく海の底に沈んだままでした。この対馬丸を発見したのは、先ほども名前をあげた鈴木宗男先生です。

鈴木先生は橋本内閣で沖縄開発庁長官に就任しており、対馬丸についても大きな関心を持っていました。そこで、科学技術庁の深海調査研究船「かいれい」などを使用し、海底に横たわる対馬丸を見つけ出したのです。

橋本総理は対馬丸が発見されたことがわかると、そのことを天皇陛下（現・上皇陛下）に報告しました。天皇陛下は対馬丸事件で亡くなった学童たちと同世代なので、対馬丸のことを大変気にされていました。橋本総理が海底に沈む対馬丸の船体の写真をお見せすると、感慨深げにご覧になっていたそうです。

その後、天皇陛下は対馬丸に関して御製を詠まれています。

疎開児の　命いだきて　沈みたる　船深海に　見出だされけり

橋本総理の事務所には、この御製が額に入れられ掲げられていたそうです。橋本総理のご子息である橋本岳衆議院議員の部屋にも、この御製がかけられています。橋本議員も橋本総理の思いを引き継ぎ、沖縄に強い関心を持っています。

私が見た橋本龍太郎

大田知事は橋本総理と必ずしも政治的立場が一致していたわけではありません。しかし、橋本総理の熱意に動かされ、様々な問題で総理と協力する姿勢を見せていました。

実は普天間基地の辺野古移設についても、当初は名護市民の意向を尊重するという立場をとっていたのです。

しかし、移設の鍵を握る１９９８年の名護市長選挙の直前、大田知事は態度を一変させます。辺野古移設受け入れを拒否したのです。橋本総理にとっては寝耳に水のことだったと思います。

このとき、橋本総理は「自分はこれまで沖縄のことを思って一生懸命やってきたが、その誠意が伝わらなかった。本当に申し訳ない」と、涙を流したと言われています。

その後、橋本総理は参議院選挙に敗北し、退陣を迫られます。橋本総理がいよいよ辞任するということになったとき、「これだけ沖縄のために尽くしてくれたのだから、お礼を言いにいこう」ということで、沖縄の代表団が自民党総裁室まで挨拶に行くことになりました。

私もこれに同行させてもらいました。それが橋本総理とお会いした最初で最後のときとなりました。

橋本総理は私たちに対して、「力になれなくて申し訳ありません」とおっしゃり、頭を下げていました。その姿がいまも脳裏に焼きついています。

九州・沖縄サミットの背景

橋本総理の次に総理となったのは、小渕恵三先生です。小渕総理は早稲田大学の学生だったころから沖縄県の遺骨収集に参加するなど、橋本総理と同じように沖縄に強い関心を持っていました。

２０００年に沖縄でサミットを開催することを決定したのも小渕総理です。

このサミット誘致の際に開催地として名乗りをあげた都市は、沖縄を含め８ヶ所ありました。しかし、サミットの開催地は交通や警備など様々な条件を満たす必要があります。こうした条件を勘案すると、沖縄は８ヶ所中、最下位とされていました。しかし、小渕総理の決断によって沖縄に決定したのです。

小渕政権が誕生した直後、沖縄県では県知事選挙が行われ、大田知事は稲嶺恵一候補に敗北しました。そのため、小渕総理は大田知事とそれほど深い関わりがあったわけではありません。

しかし、小渕総理はサミットが沖縄で開催されることが決まると、「大田さんの時代から誘致が始まったのだから、大田さんに連絡しよう」ということで、大田先生に連絡を入れています。こうしたところからも小渕総理の沖縄への思いが感じられます。

小渕恵三の気迫

私は一度だけ小渕先生にお会いしたことがあります。私は小渕総理と同じく早稲田大学で政治サークル「雄弁会」に属していました。小渕先生が外務大臣を務めていたとき、小渕先生の秘書の一人に雄弁会の先輩がいました。その方から「小渕外相がパーティーを開くから、手伝いにきてくれないか」と声をかけてもらったのです。

このパーティーを仕切っていたのは、のちに小渕内閣で官房長官を務める野中広務先生と、鈴木宗男先生でした。司会は鈴木先生が務め、気迫のこもった演説をしていました。パーティーが終わると、地元のスタッフと秘書、そして私たち学生はその場に残されました。小渕先生はそれぞれのテーブルを回り、「皆さんがいたからパーティーを開催できました。ありがとうございます」と挨拶をしていました。学生の私たちにまでお礼を言う、とても謙虚な方でした。

雄弁会出身の政治家では、森喜朗先生や玉澤徳一郎先生、額賀福志郎先生などが目立っていました。小渕先生は外務大臣を務めていましたが、どこか地味な印象でした。

しかし、小渕先生は優しい顔つきからは想像もつかないほど、とても信念の強い人でした。実際、小渕先生が自民党総裁選に出たときの気迫は恐ろしいものがあったそうです。

このときのいきさつは、野中先生が様々なところで明らかにされています。

橋本総理の退陣表明を受け、小渕先生の所属する平成研究会は、小渕先生を自民党総裁候補として擁立するために動き出します。ところが、同じ平成研に属する梶山静六先生も総裁選への立候補を表明したのです。

もともと平成研としては小渕先生を後継として推すことを決めていました。そこで、梶山先生に立候補を思いとどまるよう説得します。しかし、梶山先生は「自分は平成研ではなく、若い人たちに担がれたんだ」と言って譲りません。

梶山先生が降りないとなれば、小渕先生に降りてもらうしかありません。同じ派閥から二人立候補すれば、派閥が分裂してしまう恐れがあるからです。そこで、野中先生たちは今度は小渕先生の説得に向かいました。

しかし、小渕先生は「ここで下がるのならば政治家をやめる。小渕恵三は下がらない」と言い放ち、一歩も引こうとしなかったそうです。野中先生はその迫力に圧倒されたといいます。

小渕先生は熱い思いを持って総理の座を勝ち取り、そしてその思いを沖縄に対しても向けてくれた方だったと思います。

佐藤栄作のアドバイス

橋本総理と小渕総理はともに佐藤栄作総理の影響を受けています。周知のように、佐藤総理は長期政権を築き、沖縄返還を成し遂げました。

佐藤総理は常々沖縄の重要性を訴えており、橋本・小渕両先生に対しても「政治家になるならば、まずは沖縄を知りなさい」と言っていたそうです。

二人は佐藤総理のアドバイスに従い、返還前の沖縄を訪れ、タウンミーティングなどを行っていました。このことは沖縄県では広く知られています。

自民党には沖縄振興予算などを検討する沖縄振興調査会があります。会長を務めているのは、小渕総理のご息女である小渕優子議員です。

私は小渕議員や橋本岳議員たちと一緒に、沖縄振興調査会の会合でうるま市議会議員の方々にお会いする機会がありました。そのとき、「地元のおじい、おばあから、橋本総理や小渕総理が若いころに沖縄でタウンミーティングを開催したことがあると聞いています。そのご子息、ご息女にお会いできて嬉しいです」というお話をうかがいました。橋本総理と小渕総理がいまでも沖縄で尊敬されていることを改めて実感した瞬間でした。

テーブルに隣り合って座る

大田知事もまた橋本総理と小渕総理を大変尊敬していました。私は大田先生の晩年のころ、2人きりで1時間半ほどお話しする機会がありました。そのときも二人がいかに沖縄のことを考えてくれていたかということを熱心に話してくれました。

　橋本総理は大田知事と会談する際、その場の雰囲気をなごませるため、上着を脱ぎ、フランクに接してくれたそうです。

「テーブルに向かい合って座るのではなく、隣り合って座ることで信頼関係を構築しようとしてくれた。」

　大田先生はそうおっしゃっていました。

　橋本総理は大田知事の要望を受け入れ、国費による留学制度も作っています。米軍占領下の沖縄には高等教育機関が少なかったこともあり、アメリカ政府は沖縄の優秀な学生たちをアメリカに留学させるプログラムを作りました。大田先生自身、早稲田大学を卒業後、アメリカに留学しています。

　大田先生はこうした経験を背景に、教育の重要性を訴えていました。そして、それに応えてくれた橋本総理に心から感謝していました。

　また、小渕総理は先ほども述べたように、自らの決断で沖縄サミットを実現しました。大田先生は小渕総理と深い関わりがあったわけではありませんが、そのことにも大変感謝していました。

大田昌秀の遺言

橋本内閣、小渕内閣の時代に中央政府と沖縄県の関係が良好だったのは、二人の総理が沖縄に強い思いを持っていたからです。しかし、それと同時に、大田知事が日本政府を巻き込み、基地問題に本気で取り組むように導いていったという側面もあると思います。

もともと大田先生は革新系の人たちに担がれて知事になったため、革新系の政治家と見られていました。しかし、大田先生は知事就任にあたり、革新系の人々を副知事につけるなどといった論功行賞は一切しませんでした。

逆に、中央政府や保守系の経済界とのパイプを重視し、副知事の一人に保守系の仲井眞弘多氏を登用しました。仲井眞副知事はのちに県知事になっています。

また、大田知事は米軍基地問題を解決するためには自民党の力が不可欠だと考えていました。そのため、自民党沖縄県連幹事長や沖縄県議会議長を務めた嘉数知賢先生が衆議院選挙に出ることになったとき、梶山官房長官に連絡し、嘉数先生を比例の当選圏内に登録するように要請しています。これはなかなかできることではないと思います。

私は晩年の大田先生から直接こうしたお話をうかがい、これこそが現在の沖縄県に必要とされていることだと感じました。

現在、普天間基地問題をめぐり、沖縄県と日本政府の間には深い溝が生まれてしまっています。この溝は最近行われた選挙や県民投票によって、さらに拡大してしまったように感じます。

翁長雄志沖縄県知事の死去にあたり行われた沖縄県知事選挙では、翁長氏の後継者として出馬した玉城デニー前衆議院議員は39・6万票、自民党が擁立した佐喜眞淳前宜野湾市長は31・6万票となり、私たち自民党の大敗となりました。同年行われた豊見城市長選と那覇市長選挙でも自民党は敗れました。私は沖縄県連会長としてこれらの選挙に臨んだので、敗北の責任をとって県連会長を辞任しました。

２０１９年2月には普天間飛行場の移設にともなう名護市辺野古の埋め立ての賛否を問う県民投票が行われました。投票率は50％を超え、埋め立てに反対する割合も70％を超えました。

民意は虚心坦懐に受け止めなければなりません。しかし、安倍政権を批判するだけでは普天間基地問題は解決しません。安倍政権に批判的な人たちは、大田知事が橋本総理を本気にさせたように、安倍総理を沖縄の基地問題に関して本気にさせる戦略を持っているでしょうか。

そもそも安倍政権は沖縄の問題について何もしてこなかったわけではありません。たとえば、2015年には米軍キャンプ瑞慶覧《ずけらん》の西普天間住宅地区の返還を実現させています。

また、環境補足協定にも署名しています。

2016年には米軍北部訓練場の返還を成し遂げ、2017年には日米地位協定を見直し、米軍の「軍属」の範囲を狭めました。

これらはどれも歴代政権ではできなかったことです。

もちろん安倍政権に何の問題もないということではありません。橋本総理や小渕総理たちには、沖縄に対して申し訳ないという政治姿勢がありました。他方、安倍政権は実績に重きを置いています。

「まずは結果を出す」という考え方はとても大事なことですが、やはり情もなければ物事は円満に解決しないと思います。

普天間基地問題を解決するには、壁を作るのではなく、橋を架ける努力と執念が必要です。大田知事は私に「壁の向こうに友をつくれ」とアドバイスをくれました。大田知事はお酒が好きで俗っぽいところもあったので、主義主張の違う人とも友達になれる才能に長けていたのだと思います。大田知事はこの言葉の通り実践し、橋本総理をはじめ日本政府の中に多くの友をつくりました。

私は大田先生の言葉を遺言として受け止めています。この言葉を噛み締め、日本政府と沖縄の架け橋になるべく全力を尽くしたいと思います。

戦争体験と差別

総理大臣を支えた人物

橋本総理や小渕総理は沖縄のことを真剣に考え、沖縄のために日夜奔走してくれました。これほど沖縄のことに心を砕いてくれた総理大臣はいなかったと思います。

しかし同時に、彼らを側面でサポートし続けた人がいたことも忘れてはなりません。その人物とは、野中広務先生です。野中先生がいなければ、沖縄をめぐる状況は大きく変わっていたと言っても過言ではないと思います。

野中先生が国会議員に初当選したのは57歳のときです。その後、7回の当選を重ねる中で、内閣官房長官や自民党幹事長などを歴任しています。官房長官に就任したのは、わずか当選6回のときです。20代から京都で園部町議会議員を務め、京都府副知事も経験していたとはいえ、非常に例外的なケースです。

野中先生は橋本内閣のもとでは自民党幹事長代理に就任しました。組閣の際には、閣僚の人選を行うように命じられます。

そのとき、橋本総理からの注文はただ一つ、防衛庁長官に「心の温もりの伝わる人」を据えることでした。

沖縄県では前年、米兵による少女暴行事件が起こっていました。だからこそ、沖縄県民が納得してくれるような人事にしなければならない。橋本総理はそのように考えていたといいます。

閣僚人事を任せられるくらいですから、野中先生と橋本総理の間には大変な信頼関係があったのだと思います。

もっとも、野中先生は初めのうちは橋本総理に好感を持っていませんでした。しかし、あることをきっかけに総理への見方が変わります。

そのころ、橋本総理のお母さんが都内の病院に入院されていたため、総理は週に2回ほど病院にお見舞いに行っていました。総理の動向は新聞の「首相動静」に掲載されます。これを見た人から、「我々の親は入院期間が3ヶ月を超えると病院から追い出されるのに、総理のお母さんはどうしてあんなに長い期間、同じ病院に入っていることができるのか」という投書が届き、国会でも問題になりました。

そこで、野中先生は「首相動静欄に病院へのお見舞いが載らないようにした方がいいのではないか」と進言します。これに対して、橋本総理は「あなたは俺のことを冷たくて理屈っぽい、利かん気の男だと思っているだろうが、話を聞いてくれ」と言って、次のような話をしたのです。

「僕が母親のお見舞いのために病院に行くのは反面教師なんだ。僕の実の母親は僕が小さいときに亡くなった。その後、弟の大二郎のお母さんが来て、親父は僕に『お母さん』と呼ぶよう何回も言った。しかし、僕はどうしても『お母さん』と呼べなかった。そして6つか7つのときに、意を決して『お母さん』と呼んだ。すると母親は『あんたのお母さんはここにおる』と言って仏壇を指した。それで僕はこんな利かん気の、すねっ子のひん曲がった人間になったんだ。」

さらに、橋本総理は自分が小さいころに慕っていたおじさんのことを野中先生に打ち明けました。

「本当は従兄弟なんだが、ゲンおじさんというのがいて、それが自分を大事にしてくれた。そのおじさんが昭和19年に戦争に行くときに、『龍太郎、素直な子になれよ。俺はおそらく生きては帰れないだろう。だから、もしおじさんに何かあったら、東京に出てきたときに、おじさんと話すために靖国に来なさい』と言った。だから靖国は僕がおじさんと話をする場所なんだ。」

橋本総理は涙ながらにこう話したそうです（『野中広務　権力の興亡』朝日新聞社）。

このときを境に、野中先生の橋本龍太郎像は大きく変わります。まさに二人の間に固い絆が生まれた瞬間だったと思います。

誰が妹を殺したのか

野中先生自身、橋本総理に劣らず沖縄に対して熱い思いを持っており、何度も沖縄に足を運んでいました。私も何度も沖縄で野中先生の姿をお見かけしています。

野中先生が初めて沖縄を訪れたのは１９６２年、沖縄県がまだアメリカ軍の占領下に置かれていたときのことでした。

そのころ、全国の自治体が沖縄戦に参加した地元出身者のため、沖縄県に慰霊碑を建てるという動きを進めていました。野中先生も園部町長を務めていたので、京都府の慰霊碑建立を検討していました。

多くの自治体は慰霊碑建立の場所として、沖縄戦終焉の地である摩文仁の丘を選んでいました。これに対して、京都出身者が一番多く戦死したのは宜野湾市の嘉数の丘でした。

そこで、野中先生はこの地こそ慰霊碑にふさわしいのではないかと考え、現地視察に訪れたのです。

野中先生はここで生涯忘れられない経験をします。

野中先生が那覇からタクシーに乗り、宜野湾市へ入ろうとしたとき、急にタクシーが止まりました。運転席に目をやると、運転手の体が小刻み震えています。どうしたものかと思っていたところ、運転手はおもむろにこう言いました。

「お客さん、あそこで私の妹は殺されたんです。アメリカ軍じゃありません。」

そして、ハンドルを握りしめたまま声をあげて泣いたそうです。

沖縄戦の最中、沖縄県民の中にはスパイと見なされ、日本軍に殺された人もいます。自分の家族や友人を手にかけた人もいます。その苦しみは一生忘れられないものだったはずです。

戦前の沖縄県民は日本を守るためにアメリカと戦い、戦後は日本の安全保障のため、米軍専用施設の70％以上を背負わされてきました。

「この認識を持たなければ、沖縄を理解することはできないし、沖縄の米軍基地問題を解決することはできない。」

野中先生はいつもそうおっしゃっていました。

議事録から削除された言葉

この体験は、その後の野中先生の政治姿勢に大きな影響を与えたと思います。

野中先生は橋本内閣のころ、駐留軍用地特別措置法改正案を扱う安保条約土地使用特別委員会の委員長に就任します。これは大田沖縄県知事の「代理署名拒否」を受けてのことです。

代理署名とは、沖縄県知事が米軍用地への提供を拒む地主の代わりに署名を行うことで、その土地の強制使用を可能にする手続きのことです。

当時、沖縄県にある米軍基地の多くは民有地に作られていました。この土地の地主たちが契約を切り替える時期が、大田県政のときにやってきます。もし地主が軍用地への提供を拒否すれば、米軍基地は不法占拠状態になるわけです。

こうした中、大田知事は沖縄県議会で代理署名拒否を表明します。大田知事の狙いは、日本政府が基地問題に真剣に取り組むためのきっかけを作ることでした。

これに対して、当時の村山政権は大田知事を相手取って行政訴訟に踏み切ったのです。

裁判は最終的に沖縄県側の全面敗訴となりました。しかし、日本政府は同じことが起きないように駐留軍用地特別措置法を改正し、所有者の意思に関係なく米軍用地として使用できるようにしたのです。

野中先生は特別委員会委員長として、この改正案成立のために尽力します。その結果、9日間という短い審議だったにもかかわらず、議員の9割から賛成を得ることができました。

これは客観的に見れば、委員長として誇るべき成果です。しかし、野中先生の中には「本当にこれでいいのだろうか」という漠然とした不安が残ったといいます。そのため、委員会で異例の発言を行うことになったのです。

このときの経緯は野中先生のご著書『老兵は死なず』（文藝春秋）の中に詳しく記されています。

野中先生は委員長として報告を読んでいたとき、自分が軍国主義に傾倒していく戦前の国会にいるかのような錯覚に襲われました。そして、初めて沖縄県を訪れたときにタクシー運転手と話した、あのときの光景が目の前にあらわれたのです。

そこで、野中先生は委員長報告の最後に「まことに失礼ですが」と前置きをし、次のような発言を行いました。

「一言発言をお許しいただければ、私は昭和37年、沖縄を初めて訪問した。沖縄戦でわが郷里から２５０４人の死亡者を出した宜野湾市に慰霊塔を建てたいと考えた訪問だっ

た。そのとき乗ったタクシーの運転手が立ち止まって、

『あの田んぼの畦道で私の妹は殺された。アメリカ軍じゃないんです。』

と言って泣き叫び、車を動かすことはできなかった。

その光景を忘れることはできない。

この法案が日米安保体制の堅持に新しい一歩を印すとともに、大変な痛みと犠牲と傷を負ってきた沖縄の振興の新しいスタートになりますように。そしていま、多くの皆さんの賛同を得て成立しようとしているが、どうぞこの法律が沖縄県民を軍靴で踏みにじるような、そんな結果にならないように。

そして古い苦しい時代を生きてきた人間として、今回の審議がどうぞ再び大政翼賛会のような形にならないように、若い皆さんにお願いをしたい。」

この発言は不規則発言として議事録から削除されました。また、官房長官として法案成立に注力した梶山静六先生も、この発言に激怒したそうです。

その一方で、幹事長だった加藤紘一先生や橋本総理は理解を示してくれたそうです。

沖縄と平成研

野中先生と沖縄の関係を考える上では、平成研究会の存在も無視できません。平成研は佐藤栄作総理の流れをくんでおり、橋本総理や小渕総理、野中先生もみな平成研究会に属していました。

平成研は現在も沖縄で大きな影響力を持っており、沖縄選出の自民党衆議院議員は私以外みな平成研に属しています。

野中先生は小渕内閣で官房長官を務めましたが、これを後押ししたのも、平成研の竹下登元総理でした。

野中先生は当初、72歳という年齢を理由に官房長官就任を断ります。しかし、小渕総理は諦めません。突然椅子から降りて、床に膝をついたのです。

「頼む。小渕恵三が頼むんだよ。やってくれ。」

それでも野中先生が迷っていると、電話がかかってきました。その相手が竹下元総理だったのです。

「もう天命だと思えよ。助けてやれよ。」

これにより、野中先生はようやく官房長官就任を承諾したのです。

大田司令官への返答

先述したように、小渕総理は沖縄県でサミットを開催することを決定しました。これもまた野中先生抜きには考えられないことでした。

サミットの開催地として名乗りをあげた都市は、福岡や宮崎、大阪など8ヶ所ありました。しかし、サミットの開催地は交通や警備など様々な条件を満たす必要があります。こうした条件を勘案すると、一番有利だったのは大阪で、沖縄は最下位でした。

これを覆して沖縄開催を決定したのが、野中先生と小渕総理です。もともと小渕総理は沖縄に対する思いから、沖縄でサミットを開催したいと考えていました。そこで、野中先生が「それでは二人で決めたことにしましょう」と言い、役所に指示を出したのです。

もっとも、小渕総理自身は開催地をどこにすべきか迷っていたときもあったそうです。小渕内閣では宮崎県選出の上杉光弘先生が官房副長官を務めていました。上杉先生が宮崎でのサミット開催を強く推したため、小渕総理の心も揺れていました。それを野中先生が「総理、そんなことを言ってはダメです。沖縄にしましょう」と押し返したのです。

開催地が沖縄に決まると、小渕総理はすぐに稲嶺恵一沖縄県知事に電話を入れました。稲嶺知事としては、開催地は他の自治体になるものだと思っていたので、非常に驚いたそうです。

小渕総理はのちに、「この決定は大田司令官の電報に対する返事でもあるんだ」と話していたといいます。

大田司令官とは、沖縄方面根拠地隊司令官だった大田実のことです。沖縄戦末期、大田司令官は米軍の猛攻を前に玉砕を覚悟します。そして、海軍次官宛てに次のような電文を送りました。

沖縄県民斯ク戦ヘリ　県民ニ対シ後世特別ノ御高配ヲ賜ランコトヲ

大田司令官がこの電報を打ったのは1945年6月6日のことです。それからおよそ50年の月日を経て、小渕総理がそれに応えたということです。

自決を止めてくれた上官

野中先生が沖縄のことを真剣に考えてくれた背景には、野中先生の個人的な思いもあったと思います。その一つはやはり、ご自身の戦争体験です。

野中先生と親しかった稲嶺恵一知事がよくおっしゃっていますが、戦争体験があるかどうか、あるいは戦争体験を我がこととして受け止められるかどうかは、沖縄の基地問題に対する態度を大きく左右します。野中先生は自ら戦争を体験したからこそ平和の尊さを語り、沖縄の基地問題を我がこととして受け止めてくれたのだと思います。

野中先生の戦争体験については、最近出版された『「影の総理」と呼ばれた男』（講談社）という本が、野中先生へのインタビューも踏まえつつ、詳細に記しています。

野中先生は1925年の生まれです。この世代の方々は軍国主義教育を受けて育っています。野中先生も例にもれず、軍国少年でした。召集令状の赤紙が届いたとき、「これで俺も一人前になった」と喜んだそうです。

アメリカ軍の本土侵攻が想定される中、野中先生は四国防衛のために配備された軍隊に所属することになりました。そこでは過酷な訓練が課せられ、殴られ、蹴飛ばされる日々を送りました。

もっとも、野中先生がその訓練を活かす機会は訪れませんでした。軍隊に入ってからしばらくしたのち、日本はアメリカから原爆を落とされ、ポツダム宣言を受託したからです。

野中先生はそのことを知って驚愕します。日本が降伏したとなれば、アメリカ軍が日本に上陸してくるはずだ。彼らは日本を憎んでいるから、私たちは必ず殺される。

それならば潔く自決しよう――。

野中先生が仲間たちと一緒に手榴弾で自決しようとしたまさにそのとき、「何をしとるか！」と怒鳴り声が響きました。そこには馬に乗った上官の姿がありました。彼は野中先生たちを殴りつけ、自決を思いとどまらせたのです。

その上官は大西清美少尉という方です。野中先生は戦争の話になると、よく大西少尉の話をしていたそうです。

のちに野中先生は大西少尉の墓前を訪ね、感謝の言葉を述べています。

「あなたのお陰でここまで生きることができました。」

こうした経験が野中先生の平和に対する思いを強くしたことは間違いないと思います。

後輩の裏切り

野中先生が沖縄の基地問題を真剣に考えてくれた理由をもう一つあげれば、何と言っても被差別部落出身だったことが大きいと思います。沖縄は近代化の過程で様々な苦労をしてきましたが、そこに野中先生の経験と重なる部分があったのだと思います。

野中先生は戦後、国鉄の大阪鉄道管理局の仕事に従事します。大変優秀だったそうで、トントン拍子で出世していきました。

野中先生は責任の大きなポジションにつくと、母校から後輩を二人採用し、彼らに仕事を一生懸命教えました。また、これからの世の中は学歴も必要だと考え、二人を関西大学の夜学に通わせます。学校から遅く帰ってきたときには、下宿先で夜食も作ってあげたそうです。

ところが、野中先生はこの後輩から手酷い裏切りを受けます。

「野中さんは大阪では飛ぶ鳥を落とす勢いだが、あの人は地元に帰ったら部落の人や。」

野中先生がいないところで、後輩が周囲にこう語るのを聞いてしまったのです。野中先生の出世に嫉妬していた同僚たちはここぞとばかりに騒ぎ立て、「なぜ野中をあのような高いポストにつけるのか」と抗議しました。

野中先生は下宿に帰り、悶え苦しみます。

「何で俺がこんな馬鹿なことを言われなきゃならんのだ。」

悔し涙が頬をつたいました。

一週間苦しみ抜いたあと、野中先生は「ここは俺のおるところではない」という結論に至ります。そして国鉄をやめ、政界進出を決断したのです。

しっかり仕事をすれば、たとえどこの生まれであろうと必ず評価されるはずだ。野中先生はそのことを証明したかったといいます。

おそらく野中先生はこのとき吹っ切れたのだと思います。そして、日本社会を恨むのではなく、そうした思いをむしろプラスのエネルギーに昇華をさせていったのではないでしょうか。

ヤマトンチュー、何するものぞ

私は沖縄県議会議員に当選したころから野中先生とお話しさせていただく機会が増えましたが、部落差別の経験について直接うかがったことはありません。沖縄県には被差別部落が存在しないため、そう簡単に話題にしていいものではないと思っていたからです。

沖縄では字《あざ》や集落のことを「部落」と呼びますが、差別感情は全くありません。本土とは被差別部落に関する感覚が大きく異なっています。

私自身は学習塾で部落差別のことを学びました。学習塾の先生から、「本土に行ったときは『部落』という言葉を絶対に使ってはいけません。かつて本土には士農工商穢多非人という身分階級があって、いまも目に見えない構造的差別が残っているんですよ」と言われ、驚いたことを覚えています。

実際に部落差別の存在を実感したのは、友人の選挙を応援するために福岡県に行ったときです。駅前に「差別をなくそう」といった標語が溢れているのを見て、部落差別の根深さを感じました。

もちろん沖縄に被差別部落がないからといって、沖縄県民に差別が理解できないということではありません。

たとえば、沖縄が日本に復帰する前、沖縄出身者たちが本土でアパートなどを探していると、「朝鮮・中国・沖縄出身者、お断り」と言われたという話は何度も聞いたことがあります。「沖縄の人たちはよく集まってお酒を飲むからうるさい」と断られたこともあるそうです。本土の人たちだってみんなで集まってお酒を飲むことはあるはずなのに、酷い話です。

本土復帰前の世代にはこうした経験があります。そのため、彼らは本土への強い対抗心を持っています。

同じことを山崎拓元防衛庁長官もおっしゃっていました。山崎先生は雑誌の取材の中で、1970年に復帰前の沖縄で行われた国政参加選挙の視察に行ったときの経験を語っています。このときはすでに沖縄復帰が日程に組み込まれていたので、沖縄県からも国会議員を選ぶ必要があったのです。

自民党からは、のちに沖縄県知事になる西銘順治や私の大叔父にあたる國場幸昌、共産党系や社民党系からは瀬長亀次郎や上原康助、安里積千代といった人たちが当選しました。しかし、自民党の候補か共産党の候補かにかかわらず、みな演説を「ヤマトンチュー、何するものぞ」から始めたそうです（『中央公論』２０１９年2月号）。

私もこの世代の方々にお世話になっており、私自身、「こんなに沖縄県のことをやっているのに、沖縄県民は文句ばかり言うな」と言われたことがあるため、山崎先生のおっしゃることはよくわかります。

出エジプトを成し遂げた世代

私はここまで、あえて「差別」という言葉を使ってきました。しかし、普段はこの言葉を使うことは意識的に避けています。復帰前世代の人たちが本土から差別的な扱いを受けてきたことは事実ですが、差別と言った途端、沖縄と本土の間に大きな溝ができてしまい、対話が成り立たなくなってしまう恐れがあるからです。被害者意識を引きずっているだけでは、共感を生み、物事を動かすことはできません。

もちろん復帰前世代が経験してきた辛さや苦しみを否定しているのではありません。しかし、それは本土への不満として爆発させるのではなく、野中先生のようにプラスの方向に転換すべきものだと思います。

以前、台湾の李登輝元総統にお会いしたとき、モーセと世代論を結びつけたお話をされていました。モーセとは旧約聖書に出てくる預言者のことです。モーセはエジプトで奴隷にされていたヘブライ人たちを脱出させ、約束の地へと向かいました。

実はこのヘブライ人たちは、脱出の最中に不平ばかり言っています。あれだけエジプトで苦しい体験をしたはずなのに、「エジプトではもっとおいしいものが食べられた」などと泣き言を言うのです。

これを聞いて、神は激怒します。そして、いま不平不満を言っている人たちは約束の地に入ることができないが、その子どもたちの世代ならば約束の地に行けるだろうと述べたのです。

李登輝先生はこのことと関連づけて、「苦しい思いをした世代は世の中を変えることができない。世の中を変えるのはその子どもたちの世代だ」と言っていました。

私なりに解釈すれば、苦しい思いをした親の世代を見て育った子どもたちは、親の苦しみを理解しつつ、それをプラスに転換していく力があるということだと思います。

その点、私は自分より下の世代に対しても疑問を感じることがあります。彼らが育ってきたのは、沖縄県出身のアーティストやスポーツ選手が活躍し、本土から「沖縄は羨ましい」と言われるようになった時代です。そのため、彼らは沖縄出身であることに誇りを感じています。

そのこと自体は決して悪いことではありません。しかし、どこか歴史から切り離されて育っているという印象を受けます。

いまの沖縄は、悲惨な戦争を経験し、本土復帰に至るまで大変な苦労を重ねてきた世代の上に成り立っています。そのことを決して忘れてはなりません。

私はちょうど沖縄県が本土復帰したときに生まれたため、本土復帰前の世代と、本土復帰後の世代を両方見ています。復帰前の人たちの辛さや苦しみを理解しつつ、それをプラスに昇華する形で次の世代に伝えていく。それが私たちの世代に課せられた役割だと思っています。

保守による戦争反対

野中先生から直接うかがったことで、強く印象に残っていることがあります。野中先生は村山内閣の時代に自治大臣・国家公安委員長として初入閣しました。そのとき、阪神淡路大震災と地下鉄サリン事件を経験しています。

野中先生は政治家をやめたあとも、これらの追悼式には必ず足を運んでいたそうです。「一度関わったことは生涯かけてやり抜くんだ」とおっしゃっていました。沖縄の基地問題も同様です。野中先生は最後まで沖縄のことを気にかけており、「私は政治家として沖縄の傷を癒すことができなかった。生きているうちに沖縄の人々にお詫びしたい」とまでおっしゃっていました。

一部には野中先生の沖縄への対応を批判する声もあります。ジャーナリストの魚住昭氏は『野中広務　差別と権力』（講談社）で、次のように言っています。

沖縄問題で野中広務に割り振られた役割は、長年にわたって米軍基地を押しつけられてきた県民の怒りをやわらげ、日米が合意した名護沖移設を受け入れさせることだった。言い換えれば、本土と沖縄の利害対立を調整することである。反戦・平和主義を掲げ、虐げられた人々の痛みを誰よりも知る野中には打ってつけの役割だと言っていいだろう。

野中はその役割を果たそうとした。大田が語ったように「一番弱い立場」にある県民のさまざまな要望を酌みとり、巨額の予算が必要な沖縄振興策を提示した。時には沖縄に対する自らの思いを切々と語り、多くの県民たちの共感を集めた。

だが、野中が目指したのはあくまでも沖縄の痛みをやわらげることであって、痛みそのものを除去することではない。彼には、名護沖移設を決めた日米合意そのものを問い直そうという発想はなかった。外務官僚らのリモートコントロールから離れて、彼本来の反戦・平和主義に基づく独自の外交・安全保障戦略を組み立てていこうという姿勢も見られなかった。

もし、野中にそれがあったなら、すでに米国側でさえ見直そうとしている名護沖移設案に固執するようなことはなかっただろう。

魚住氏の指摘には一理あると思います。しかし、野中先生の沖縄に対する思いに、嘘偽りはなかったと思います。

虐げられている者や社会的弱者、マイノリティを何としても救いたい——。野中先生はこうした確固たる信念を持っていました。

私はこれこそが保守政治家のあるべき姿だと思っています。保守の本質は強靭な寛容性にあります。自分たちと異なる考えを持つ人たちや、異なる歴史を歩んできた人たちを受け入れ、包み込むこと。マイノリティの苦しみを我がこととして受け止め、ともに歩むこと。これこそ保守政治家に求められている姿勢です。

反戦主義もここから出てきます。戦争は外国をはじめとする異なる他者との間に生じます。しかし、他者との違いを認め、共存することができれば、決して戦争は起こらないはずです。

最近では反戦主義を掲げたり、「マイノリティとともに歩む」といったことを言うと、「左翼」と批判されがちです。しかし、私は保守こそが反戦主義を掲げるべきだと思っています。保守による反戦主義ほど強いものはない。これが私が野中先生から学んだことです。いまこそ保守政治家は反戦主義を貫き、平和国家の建設に取り組んでいかなければなりません。

問題提起から問題解決へ

神格化される知事

平成が終わりを迎えるころ、沖縄県では新たな県知事が誕生しました。翁長雄志氏です。翁長知事が掲げた「イデオロギーからアイデンティティへ」というスローガンは、誰もが一度は耳にしたことがあると思います。

翁長知事は２０１８年に67歳の若さで亡くなりましたが、普天間問題がこれほど注目されるようになったのも、翁長知事の取り組みによるところが大きいでしょう。

沖縄県紙には翁長知事の評伝が掲載されています。それだけ翁長知事が沖縄県民から広く注目されているということです。

翁長知事が沖縄に大きな足跡を残したことは間違いありません。しかし、現段階で翁長知事を神格化することには問題もあると思います。

私は政治家になる前から翁長氏と身近で接する機会があり、政治家になったあとも折に触れて翁長氏とお会いしてきました。政治的な問題についても何度も議論しました。当然のことですが、翁長知事も人間です。完全無欠な存在ではありません。普天間基地問題が袋小路に陥っているいまこそ、翁長知事の功罪を踏まえ、未来を切り開いていく必要があると思います。

稲嶺県政の生みの親

私が初めて翁長氏に会ったのは1998年、沖縄県知事選挙に立候補した稲嶺恵一候補の随行秘書をやっていたときです。そのころ翁長氏は沖縄県議会議員で、自民党沖縄県連幹事長を務めていました。

稲嶺氏に知事選への出馬を要請したのも翁長氏です。稲嶺氏は経済界に身を置いていましたが、翁長氏が熱心に口説いた結果、出馬決断に至ったのです。

もっとも、翁長氏は当初は、沖縄出身の社会党議員で、細川護熙内閣で沖縄開発庁長官を務めた上原康助氏を擁立しようとしていました。自民党は国政で社会党と連立政権を組んだこともあるため、社会党の代議士に知事選への出馬要請をすることには特に違和感はありませんでした。

しかし、上原氏は最終的に出馬を断ります。そこで急遽、稲嶺氏に白羽の矢が立ったのです。

稲嶺氏を擁立すると決めてからの翁長氏の動きは速く、わずか3週間ほどで出馬表明まで持ち込みました。

このとき、翁長氏は創価学会とも水面下で議論を重ね、学会の一部から支持を取りつけています。もともと沖縄では公明党・創価学会は現職の大田知事を支持していたので、これは大きな転換です。国政に先駆けて自民党と公明党の協力体制を築いたと言ってもいいでしょう。

そのころ私は朝から晩まで稲嶺氏の側にいましたが、稲嶺氏と一番長く接触していた政治家の一人が翁長氏でした。稲嶺氏も翁長氏のことを大変信頼しており、「将来の知事候補の器だ」と何度か口にしていました。

「魂魄の塔」への思い

私が思うに、翁長氏の政治の原点は瀬長亀次郎です。瀬長亀次郎は沖縄出身の政治家で、米軍統治下の沖縄で沖縄人民党を結成し、徹底した米軍批判を行いました。米軍から逮捕・投獄された経験もあります。沖縄初の国政参加選挙で当選を果たし、のちに日本共産党から立候補して7期連続当選しています。沖縄では「抵抗のシンボル」とされています。

翁長氏自身、瀬長亀次郎を高く評価していましたし、翁長氏の支援者の中にも、翁長氏のことを「第二の瀬長亀次郎」のように見ていた方がいたと思います。私も翁長後援会の方から、「お前も瀬長亀次郎になれ」、「辺野古移設に反対すれば、お前も瀬長亀次郎になれるよ」と言われたことがあります。翁長応援団にとって、瀬長亀次郎は理想的な政治家像だったのでしょう。

実際、翁長氏の平和に対する思いには、瀬長亀次郎を連想させるものがありました。翁長氏は選挙のときは、必ず「魂魄《こんぱく》の塔」に手を合わせてから出陣式に臨んでいました。魂魄の塔とは糸満市にある慰霊碑のことです。糸満市は沖縄戦の中でも特に激戦地であり、多くの方々が命を落としました。戦争が終わっても辺り一面にはおびただしい数の遺体が野ざらしにされていたそうです。

そこで住民たちは、軍民や敵味方関係なく遺骨収集に乗り出します。遺骨は地下に埋葬され、その上に石碑が建てられました。これが魂魄の塔です。

この石碑を魂魄の塔と名づけたのは、翁長氏の父親である翁長助静氏です。魂魄の塔の裏面には「和魂《にぎたま》となりてしづもるおくつきのみ床の上をわたる潮風」という歌が刻まれていますが、これも助静氏が詠ったものです。

助静氏は沖縄戦を経験し、糸満市では米軍の艦砲射撃に遭遇しています。米軍から逃れ、喜屋《きゃん》武岬海岸近くで壕を作って小休止していたところ、突然米軍の砲撃を受けたのです。そのとき助静氏の目の前で、助静氏の父、すなわち翁長雄志氏の祖父である助信氏が亡くなりました。助静氏は遺体を埋葬する余裕がなく、石を上に置くことしかできなかったそうです。

助静氏は生前、「魂魄」とは平和のために鬼ともなる魂のことで、「和魂」とは平和を信じ、安らかに眠る霊魂の意であると、翁長雄志氏に話していたといいます。翁長氏は『戦う民意』（ＫＡＤＯＫＡＷＡ）の中で、次のように書いています。

「魂魄の塔」建立に込められた思いは、イデオロギーとは無縁の慰霊の心であり、平和への切実な願いだったに違いありません。

戦火で荒れ果てた地に散乱する遺骨を前にした時、沖縄戦を生き抜いた私たちの先輩は、軍人の遺骨だからとか、憎むべき敵、米兵の遺骨だからというわだかまりを持つことはありませんでした。誰に看取られることなく、この地で死んでいったものへの哀悼の気持ちと、死者は丁重に扱わねばならないという真摯な思いを持って対応したのです。

これこそが、私たち沖縄の人間が共有する慰霊の心の出発点ではないかと思います。

翁長氏は1950年生まれですので、直接沖縄戦を経験しているわけではありません。しかし、沖縄戦で祖父を失い、父親から戦争の悲惨さを伝えられる中で、平和こそ政治の原点だと考えるようになったのだと思います。

オール沖縄の源流

翁長氏が沖縄県知事まで上りつめることができたのは、「オール沖縄」の支持を得たことが大きかったと思います。オール沖縄は辺野古に基地を建設させないという一点で、保守勢力と革新勢力が手を結んだ運動でした。

もともと翁長氏は以前から保革を超えた運動を模索していました。その源流は2001年までさかのぼります。

当時那覇市長だった翁長氏は、ソ連最後の大統領であるゴルバチョフ氏を沖縄県に招待しました。かつて最もアメリカと対立したソ連の大統領に、極東で最も多く米軍基地を抱える沖縄県に来てもらう。そこに象徴な意味があると考えたのです。

そのころの沖縄では、冷戦終結から多くの時間がたっているにもかかわらず、いまだに保守派と革新派が対立を続けていました。しかし、同じ沖縄県民がいがみ合うのは不健全です。世界が変わったのだから、沖縄県も変わらなければならない。それが翁長氏の狙いだったのだと思います。

2007年に歴史教科書問題が起こったときも、沖縄では保革の垣根を超えた動きが見られました。このとき、文科省の教科書検定によって、沖縄戦の際に起こった集団自決は日本軍の命令によるものであるかどうかは明らかでないとされます。そして教科書から「命令」や「強制」といった表現が削除されることになったのです。

これに対して、平和団体などが抗議声明を発表します。このころ私は沖縄県議会議員を務めていましたが、自民党沖縄県連でもこの問題への対応が議論されました。

確かに文科省が指摘するように、日本軍が集団自決を命じたかどうかは議論のわかれるところです。たとえば、戦後まもなく出版された『鉄の暴風』（沖縄タイムス社）という本には、赤松大尉という人物が住民に集団自決を命じ、それを聞いた沖縄出身の知念少尉が悲憤のあまり慟哭するという場面が描かれています。

ここに出てくる知念少尉は、私の後援会の顧問を務めていただいていた方です。私が直接知念氏にうかがったところ、「私は泣いた覚えもないし、記者から取材を受けた記憶もない」、「あれは歴史の本じゃなくて文学だ」とおっしゃっていました。

もっとも、日本軍が駐留していなかった島では集団自決は起こっていません。その意味では日本軍の責任は免れません。

そこで、私は日本軍が集団自決を命じたかどうかはともかく、日本軍が集団自決に「関与」していたことは間違いないのではないかと主張しました。

この方向で議論をまとめていったのが那覇市長だった翁長氏です。翁長氏は仲井眞弘多沖縄県知事にも強く働きかけます。その結果、保守県政下で与野党を超えた県民大会が開催されるという異例の事態となったのです。

2013年には選挙運動でも党派を超えた動きが見られるようになりました。この年に行われた浦添市長選挙では、西原廣美前浦添市教育長を自民党や民主党、社民党、社会大衆党が推薦したのです。私も出陣式に参加しましたが、保守系と革新系の議員たちが一緒に並んで挨拶するという、いままで見たことがない光景が広がっていました。これを主導したのも翁長氏でした。

究極のマキャベリスト

もっとも、浦添市長選挙が超党派でまとまったのは、政策というよりも政局によるところが大きかったと思います。翁長氏は選挙に勝つためであれば、いかなる手段もいとわない政治家でした。

たとえば、翁長氏は選挙の際には相手候補を徹底的に攻撃するという手法をとっていました。私の選挙応援にも来てくれましたが、10分間の演説のうち8分間は相手候補を批判するという場面もありました。これでは聴衆に不快感を与えるのではないかと思ったこともありますが、これが翁長氏のスタイルでした。

また、翁長氏は選挙では特に資金力を重視していました。私が2009年に自民党の公認候補として国政選挙に初挑戦したときも、とにかく選挙資金のことを心配していました。また、当時は民主党の大ブームが起こっていたため、翁長氏は私の出馬に否定的でした。

私は翁長氏の反対を押し切って出馬に踏み切りましたが、現職議員に及ばず、落選してしまいました。

しかし、いつまでもクヨクヨしているわけにはいきません。私は再び公認をいただけるように活動を始めました。選挙に敗れたとはいえ、私の惜敗率は自民党の新人候補の中で全国3位の成績でした。そのため内心では、それほど苦労せずに公認をもらえるのではないかと思っていました。

ところが地元からは「國場を公認候補にして本当に現職に勝てるのか」、「そもそも國場は政治の何たるかがわかっていない」といった声が噴出します。翁長氏も私の出馬に強く反対していました。

翁長氏は那覇市長として、沖縄県の候補者を選ぶ上で大きな影響力を持っていました。翁長氏は私では国政選挙に勝てないと考え、私を県議会選挙に出そうとしていたのです。しかし、最終的に私は自民党の公認をいただき、2012年の衆院選で初当選を果たすことができました。翁長氏は私の出馬にずっと反対していましたが、この選挙では選対本部長になってくれました。

選挙後、選対本部長になってくれたお礼も兼ね、翁長氏のもとに挨拶にうかがいました。そのときの一言はいまでも忘れられません。

「俺はお前が負けると思っていたから出馬に反対したけど、よく勝ったな。」

これは翁長氏なりの褒め言葉だったのだと思います。

選挙に勝つことを第一に考えていたという点で、翁長氏は究極のマキャベリストでした。しかし、これはある意味で重要なことです。選挙の際に理想的な政策を語る候補者はたくさんいますが、それだけでは選挙に勝てません。ときには義理や人情をスパッと切り捨てなければならないこともあります。それができるところに翁長氏の強さがあったと思います。

共産党の台頭

翁長氏を知事に押し上げたオール沖縄体制は、初めのうちは飛ぶ鳥を落とす勢いがありました。しかし、彼らは時間がたつにつれ、徐々に変容していきました。

すでに述べたように、オール沖縄は辺野古基地反対という一点で保守派と革新派がまとまった運動です。しかし、保守派と革新派はこれまで激しく対立してきました。辺野古のために過去のことを水に流そうと言っても、そう簡単にはいきません。「あのとき自民党に邪魔された」、「あのとき共産党から妨害された」といった恨みは根強く残っています。そのため、オール沖縄内では絶えず保守派と革新派による主導権争いが行われていました。

そうした中で影響力を拡大してきたのが共産党です。私も翁長県政の関係者から、「オール沖縄では共産党が力を持ちすぎている」といった不満を何度も聞きました。

実際、共産党はオール沖縄を巧みに利用しています。2017年に行われた那覇市議選挙では、共産党の候補者たちは「オール沖縄」を旗印に戦うことで、全員当選を果たしました。

他方、オール沖縄の保守派たちは「オール沖縄」を掲げずに戦いました。それだけオール沖縄内における保守系と革新系の関係が悪化しているということです。

また、この那覇市議選ではオール沖縄の保守派から落選者や辞退者が続出したため、オール沖縄における保守派の力はさらに弱まってしまいました。象徴的なのは、那覇市議会議長の金城徹氏が落選したことです。金城氏はオール沖縄を結成するために大変な努力をされた方でした。

保守派たちの間にしこりが残ったことも見逃せません。翁長氏は沖縄県知事選に出馬するにあたって自民党から離党しましたが、このとき翁長氏は自民党の那覇市議たちをオール沖縄に引っ張り込んだため、彼らは自民党から除名されることになりました。ところが、翁長氏は彼らを那覇市議に当選させることができなかった一方で、ご子息の雄治氏は市議に当選させています。

「彼らは翁長氏を支えるために自民党を除名までされたのに、彼らよりも息子を優先するとはどういうことか。」

そうした声が私のところまで聞こえてきました。

翁長氏の晩年には、オール沖縄は最初のころとは全く異質な組織になっていたと思います。彼らの一体感は完全に失われました。オール沖縄は共産党が中心となり、保守派は距離をとるようになっています。

県知事選の舞台裏

翁長知事は2018年5月にステージ2の膵がんであることを公表し、その年の8月に亡くなりました。翁長知事は生前、いつも自分の死期のことを意識していました。「父も兄も長く生きられなかったから、自分もいつ死ぬかわからない」と呟いていたのをよく覚えています。

翁長知事の逝去を受けて、知事側は後継者の選定に乗り出します。後継者選びは難航すると見られていましたが、突然、翁長知事が生前に自分の後継者の一人として玉城デニー衆議院議員の名前をあげていたという報道が流れました。

翁長知事が玉城議員とどこで接点があったのかはわかりませんが、これにより玉城議員が次の知事選に出馬することが確実となりました。これに対して、自民党側は佐喜眞淳前宜野湾市長を擁立しました。

玉城候補が優勢と見られる中、自民党は苦しい戦いを強いられます。結果的に玉城候補は39・6万票、佐喜眞候補は31・6万票となり、自民党は8万票の差をつけられて大敗しました。

自民党の敗因はいくつか考えられます。やはり一番大きかったのは、翁長知事が亡くなったことです。マスコミでは翁長知事の奥様の発言が何度も取り上げられ、県知事選はいわゆる「弔い合戦」の様相を呈することになりました。その結果、無党派票や女性票の多くが玉城陣営に入ったと見られています。

もちろん敗因はそれだけではありません。私たち自民党は選挙中、最大の懸案である普天間基地問題へのスタンスに対して厳しい声をいただきました。沖縄県内には「政府は沖縄を理解していない」という不満が根強くあります。こうした思いが選挙結果を大きく左右したのだと思います。

また、一番の目玉であった経済振興策や子育て世代の支援策が、想像以上に有権者に響かなかったという側面もあります。

自民党が県知事選で経済振興策を掲げたのは、同年2月に行われた名護市長選が関係しています。名護市長選で自民党が推した渡具知武豊候補は、事前調査では圧倒的に不利と言われていました。しかし蓋を開けてみると、辺野古移設に反対していた現職市長を破り、奇跡の大逆転を果たしました。

このとき自民党側が強く訴えていたのが、経済振興策や給食無料などの子育て世代への支援策でした。そのため、県知事選でもこの成功体験に基づき、経済振興策や県民所得を300万円まで引き上げること、子どもの貧困撲滅、携帯電話料の値下げによる家計負担の軽減などを主張したのです。

しかし結果を見る限り、これらの主張は子育て世代を中心とした有権者にあまり響きませんでした。沖縄県全体を見れば、観光業や建設業が活況で、景気は悪くありません。県内でも経済環境がそれほど良くない名護市とは状況が異なっていたのです。

玉城デニー知事の課題

私は新たに沖縄県知事に就任した玉城デニー氏とは、国会などで何度かお話ししたことがあります。知事選後にはわざわざご挨拶に来てくださいました。とても人柄が良く、沖縄県民や沖縄県庁の方々からも慕われています。

しかし、これから玉城知事が沖縄県政を円滑に運営していく上では、翁長県政のときと同様、共産党との関係がネックになると思います。

玉城知事は翁長知事とは違って自民党出身ではないため、自民党層からの支持は限定的です。そうした中で共産党の影響力が大きくなっていくと、保守層はさらに離れていきます。玉城氏は国会議員を4期務めていますので、その辺りの事情はよくご存知のはずです。また、日本政府との関係についても、玉城知事は国政を経験している分、翁長知事よりうまく舵取りできる可能性があります。

その一方で、懸念もあります。玉城知事は中国の一帯一路構想に沖縄県を活用することを提案したり、尖閣諸島で日本の主権を脅かす中国公船の肩を持ったり、さらには北方領土交渉が微妙な時期にロシアを訪問するなど、安全保障に深刻な懸念を抱かせる言動を繰り返しています。こうした点は非常に残念です。

沖縄に向けられたヘイト

翁長知事はオール沖縄実現のため、かつて敵対した共産党と手を組みました。その意味で、大田知事が強調していた「壁の向こうに友をつくる」を実践したとも言えます。

しかし、翁長知事は一時期の大田知事とは違い、日本政府や日本社会に対して「壁の向こうに友をつくる」という態度で臨むことはありませんでした。

翁長知事は自著の中で、あることがきっかけで日本に対する見方が変わったと明かしています。

2013年、翁長氏は自民党県連や公明党とともに、銀座で「オスプレイ撤回・東京要請行動」を行いました。これに対して、巨大な日章旗や旭日旗、米国旗を手にした団体から「売国奴」、「琉球人は日本から出ていけ」、「中国のスパイ」といった暴言を浴びせられたのです。

これは沖縄県民に向けられたヘイトスピーチです。決して許されざることです。

しかし翁長氏が衝撃を受けたのは、そのことだけではありません。翁長氏たちが要請運動をしていたとき、銀座は多くの買い物客で賑わっていました。しかし、彼らはヘイトスピーチを浴びせられている翁長氏たちに目を向けることもなく、素通りしていったのです。沖縄の基地問題に対する無理解と無関心。これこそ日本政府や日本本土への批判を強めた理由だと翁長氏は述べています。

もっとも、私の知る限り、翁長知事の本土への見方はそれ以前から厳しかったと思います。翁長知事は那覇市長のころ、昭和天皇の戦争責任を追及していました。私は聞き間違いかと思って驚いたので、そのことが強く印象に残っています。

また、翁長氏は日本政府から沖縄県へ視察にやってくる人たちに、いつも軽蔑した眼差しを向けていました。

「どうせナイチャー（本土の人）はわからないんだよ。」

そう言って繰り返し日本政府を批判していました。

もちろん日本政府や本土に住む人たちの中に、沖縄のことを理解していない人たちがいることは事実です。しかし、本土に住む人たちを一括りにし、みな理解していないとするのは間違いです。

これは翁長知事の世代が持つ一つの特徴だと思います。翁長氏は沖縄戦で祖父を失い、小さいころに米軍による占領統治を経験しています。それが本土に対するやるせなさや鬱憤につながっていたのだと思います。

しかも翁長知事の場合は、橋本総理や小渕総理、野中広務先生、梶山静六先生、鈴木宗男先生など、沖縄のことを真剣に考えてくれた自民党議員たちと直に接しています。それだけ余計に、現在の日本政府に対して不満を覚えたのではないでしょうか。

翁長雄志を超えて

翁長知事は日本政府を厳しく批判し、全面対決のような姿勢で臨んでいましたが、その一方で沖縄県の置かれている状況も冷静に分析していました。

私がこれを強く感じたのは、2013年11月のことです。この時期は私にとって正念場でもありました。私は普天間移設作業をめぐり、党本部と激しいやり取りをしていたからです。

このとき私が一貫して主張していたのは、普天間基地の固定化は断固として避けなければならないということ。そして、そのためには移設先や方法論も含め、あらゆる可能性を追求しなければならないということでした。

私は党本部とやり取りする上で、選挙の際にお世話になった方々のご意見もうかがいました。そのうちの一人が、那覇市長だった翁長氏でした。

このとき私は翁長氏と二人だけで長時間にわたって議論しました。

「國場、お前は辺野古反対を貫け。沖縄県が反対し続ければ、日本政府は辺野古の基地建設を断念するよ。」

おそらく翁長氏の念頭には橋本総理や小渕総理などのことがあったのだと思います。

「市長、いまの日本政府は絶対に辺野古を諦めませんよ。」

私がそう言うと、

「どうせ辺野古に作られてしまうなら、反対した方がいいじゃないか。」

そして、

「お前は自民党を離党しろ。そうすれば那覇市の市議団で応援する体制を作るから。」

と言われました。

日本政府という強大な権力の前では、どんなに抵抗しても限界がある。しかし、沖縄が抵抗したという事実を次世代に残すためにも、我々は信念を貫かなければならない。これが翁長氏の本心だったのだと思います。

実際、翁長氏が自らの命を削ってまで日本政府と対決を続けたことで、沖縄の課題は国民全体で考えなければならない重要なテーマだということが広く伝わりました。

私は翁長氏と志を共有する部分もありますが、アプローチは大きく異なります。沖縄県政では保守派の県知事と革新派の県知事が交互に誕生してきたと言われていますが、私は問題提起型と問題解決型の県知事が交代してきた歴史だったと見ています。その意味で、翁長氏は問題提起型の県知事だったと思います。

いま沖縄に必要なのは、問題解決型の政治です。翁長知事が命を賭して行った問題提起を、問題解決まで導くことです。そのためには何が必要か。私たち一人ひとりが真剣に考えなければならない問題だと思います。

第二部　日本が直面する課題

いま日本は様々な難問に直面しています。以下では、その中でも4つの問題を取り上げたいと思います。これらはすべて沖縄県にとっても重大な問題です。そして、沖縄だからこそ新たな視点を提示できる問題でもあります。

第一に、子どもの貧困と虐待です。日本では17歳以下の子どものうち、約7人に1人が経済的に困難な状況に置かれています。子どもたちはこれからの日本を担っていく存在です。子どもたちが貧困に苦しんでいるようでは、令和が明るく安定した時代になることはありえません。

沖縄県の状況はさらに深刻です。沖縄県の独自調査によれば、実に3人に1人の子どもが貧困状態に置かれています。しかし見方を変えれば、沖縄で子どもの貧困問題を解決できれば、全国でも解決できるということです。

第二に、日本を取り巻く安全保障環境の変化です。中国が台頭し、アメリカが東アジアから身を引きつつある今日、日本の安全保障体制は変化を求められています。

沖縄は安全保障の最前線に立たされているため、沖縄県民は安全保障の変化を最もリアルに感じ取っています。日本本土からは見えないものが、沖縄からは見えてきます。

第三に、外国人労働者をめぐる問題です。日本は今後5年間で最大35万人の外国人労働者を受け入れることになります。

これに対して、日本社会では不安の声も聞かれます。アメリカやヨーロッパでは移民排斥運動が強くなっているため、日本でも同じことが起きるのではないかといった懸念が広がっているのです。

実は沖縄県は以前から海外移住に積極的でした。そのため、沖縄の持つ経験は、これからの日本にとって役に立つと思います。

そして第四に、皇室のあり方です。新天皇の即位は国民から広く受け入れられ、日本全体が歓迎ムードに包まれました。

日本人にとって天皇は自明なものですが、沖縄からは少し違った見方ができます。沖縄の視点は「日本にとって天皇とはどのような存在か」という問題を考え、今後の天皇のあり方を議論する上でも、重要になるのではないかと思います。

子どもの貧困と虐待

3人に1人の子どもが貧困状態

「生活が苦しくて食料を買えなかったことがある。」

「授業料が払えないので、進学を諦めた。」

「学校の給食以外にちゃんとした食事ができないので、夏休みの間にやせてしまった。」

こうした話を聞くと、皆さんはどのような印象を持ちますか。

これは遠い昔に日本で起こったことではありません。外国の話でもありません。いままさに日本で起きていることです。

厚生労働省の発表によると、日本の子どもの貧困率は13・9％（2015年時点）に達します。17歳以下の子どものうち、約7人に1人が経済的に困難な状況にあるということです。以前より改善しているとはいえ、いまなおOECD（経済協力開発機構）加盟国の中で最悪の水準です。

沖縄県の状況はさらに深刻です。沖縄県が独自に調査を行ったところ、子どもの貧困率は29・9％という結果となりました。全国平均の約2倍、実に3人に1人の子どもが貧困状態に置かれているのです。

子どもの貧困は「見えにくい」ことで知られています。政治の世界で注目されるようになったのも、つい最近の話です。子どもたちは投票権を持っていないので、なかなか政治の課題になってこなかったという側面があるのではないかと思います。そもそも貧困に関する基礎データが少ないという問題もあります。統計処理には時間がかかるので、最新データが出てくるのも遅くなってしまいます。

沖縄県では子どもの貧困に対処するため、「子どもの居場所づくり」が進められています。子ども食堂や、不登校や引きこもりの子どもたちを受け入れるシェルターなどが、県内で100ヶ所ほど運営されています。

その中の一つに「kukulu（くくる）」というところがあります。「くくる」とは沖縄の言葉で「心」を意味します。

私も何度か「kukulu」を視察し、代表の金城隆一さんにお話をうかがいました。金城さんには自民党の部会でお話ししていただいたこともあります。

現場を知り尽くしている金城さんのお話は、私たちの常識を大きく揺さぶるものです。たとえば、私たちは通常「貧困」と聞くと、経済的貧困のことを思い浮かべると思います。しかし金城さんは、貧困とは経済的貧困だけではないと指摘しています。

金城さんによると、貧困は「経済的貧困」、「文化的貧困」、「社会的貧困」の3つに分類されます。

「経済的貧困」とは文字通り、経済的に困窮している状態のことです。

他方、「文化的貧困」とは、食文化や生活習慣の問題のことを指します。金城さんはある子どものケースについて話してくれました。その子は食事の時間になると、カップラーメンを同時に3つ開け、食べ始めたそうです。「なぜ3つも一緒に食べるの?」と尋ねると、「一つは主食で、もう一つはおかず、最後の一つはデザートです」、「いつも家でこうやって食べています」との答え。

その子のお母さんに「もっと野菜を食べるとかタンパク質をとるとか、バランスを考えてください」と伝えると、お母さんからは「ラーメンにはちゃんと野菜を入れていますよ」と言われたそうです。

貧困家庭の子どもたちの中には、食事をしたら歯を磨くという習慣が欠如してしまっている子どももいます。実際、子どもの貧困率の高い沖縄県は、虫歯の割合も日本で一番高いことがわかっています。これも「文化的貧困」に含まれます。

これに対して、「社会的貧困」とは、地域や行政との関係が疎遠になっていたり、様々な行政サービスを受けられることを知らないことなどを指します。行政の就学援助制度を知らず、進学を諦めてしまったというケースもあります。

沖縄県は離婚率が日本一、若年出生率も日本一、児童扶養手当受給率も日本一、非正規就業者率も日本一です。家族という形態は危機に瀕しており、子どもたちにとって日本で最も過酷な環境になってしまっているのです。

戦後復興の遅れ

子どもの貧困は沖縄県だけでなく、全国で見られる問題です。とはいえ、沖縄県が突出していることも事実です。

なぜこれほど沖縄県の子どもの貧困は深刻なのでしょうか。

その理由はいくつか考えられます。そもそも沖縄は豊かな地域ではありません。琉球王国時代も、きちんとした統計はありませんが、決して経済的に繁栄していたわけではありません。

琉球王国にはイギリス海軍のバジル・ホールをはじめ、多くの外国人が訪れ、記録を残していますが、彼らは住民たちの礼儀正しさや清潔さに驚いていますが、経済的豊かさに驚いたかと言うと、やはりそうではありません。

沖縄戦の経験も大きかったと思います。沖縄戦による日本側の死者は18万8136人に上ります。このうち約半数が沖縄の一般県民です。ここに病気で亡くなった方なども加えると、県民の4人に1人が命を落としたことになります。

沖縄戦では鉄道をはじめインフラも徹底的に破壊されました。米軍による無差別爆撃の結果、沖縄は焦土と化したのです。

戦争が終結すると、日本は復興に着手します。そして、わずか十数年のうちに高度経済成長を実現し、全国的にインフラを整備していきました。

しかし、沖縄は取り残されてしまいます。沖縄県は米軍統治下に置かれていたため、中央からの財政移転が全くなかったのです。

また、為替レートの問題も沖縄の発展を阻害しました。戦後の円相場は1ドル360円に固定されましたが、沖縄では当初、「B円」と呼ばれる米軍の軍票が使用されていました。このレートは1ドル120B円でした。つまり、日本円に比べて3倍も割高なレートだったのです。

これでは輸出産業が育つはずがありません。その結果、沖縄の産業は空洞化してしまったのです。

その後、沖縄は1972年に日本に復帰しますが、ちょうどそのとき日本経済はオイルショックによって低迷していました。本土復帰が沖縄経済にとってプラスになると考えていたところ、出鼻をくじかれる形となったのです。

さらに言えば、水の問題も大きかったと思います。私は1973年生まれですが、子どものころ、よく断水を経験しました。製造業には水が必要なので、水の供給が安定しなければ工業は発達しません。

相次ぐ子どもの虐待

子どもの貧困と関連して問題になるのが、子どもの虐待です。親が子どもを虐待したという報道に接するたび、胸が痛くなります。

最近も千葉県野田市で小学4年生の子どもが虐待死する事件がありました。この子の父親は沖縄観光コンベンションビューローの職員であり、母親は沖縄県糸満市出身だったそうです。

報道によると、犠牲になった子どもは当時通っていた学校のアンケートで、父親から暴力を受けていると訴えていました。ところが、市教育委員会が父親に要求され、このアンケートを父親に見せてしまったのです。

これは決定的なミスです。こんなことをしていれば、子どもたちは今後、この手のアンケートに本音を書かなくなるでしょう。そうなれば、虐待が闇に葬られてしまう恐れもあります。

子どもを虐待している親は、自分が虐待しているという自覚がないと言われています。子どもを殴りつけても、それを「しつけ」だと思っているのです。そもそも「虐待」という概念を知らない場合もあります。

子どもの虐待は主に児童相談所（児相）が対応していますが、人口あたりの数が少なく、現場は限界状態です。

児相が構造的に難しい立場に置かれていることも問題です。児相は子どもが虐待を受けているとわかった場合、緊急避難措置として子どもを一時的に保護します。その後、家族とコミュニケーションをとりながら、子どもが家族のもとに戻れるように支援していくことになります。つまり、児相は家族への介入と同時に、家族に対する支援も行っているのです。

しかし多くの場合、虐待している家族は自分が虐待しているという自覚がないため、彼らからすれば、児相は自分の子どもを奪った憎き相手ということになります。そのため、児相がその家族と信頼関係を構築しようにも、とても難しいというのが現実なのです。

また、児相が子どもの虐待を把握するために聞き取り調査の対象としているのは、主に親たちです。もちろん子どもたちからも話を聞きますが、どうしてもコミュニケーションの比重は親たちの方に傾いてしまいます。そこで「私だって苦労しているんです」などと聞かされると、親に感情移入してしまい、子どもの目線を失ってしまうこともあります。

日本に児童心理の専門家が少ないことも、こうした傾向に拍車をかけています。

厚労省は児相全国共通ダイヤル「189（いちはやく）」を設置し、子どもの虐待の通報や相談を24時間体制で受けつけています。しかし、この番号はまだ全国的に浸透していません。たいていの人は、虐待されている可能性のある子どもを見つけると、110番にかけると言われています。

警察は子どもの虐待に関する通報を受けると、必ずすべての案件を児相に報告します。それに対して、児相から警察に報告することは、いくつかの自治体をのぞき、行われていないそうです。児相と警察による情報の全件共有がうまくできていないことも、子どもの虐待を防げない一因になっていると思います。

最低賃金1000円を目指す

子どもの貧困は多くの場合、親の貧困から連鎖します。そのため、子どもの貧困や虐待を撲滅するには、まずは家計所得の底上げが不可欠です。

安倍政権が進めてきた一連の経済政策により、GDPは拡大し、株価も上昇しました。安倍政権はさらに経済効果を出すため、経団連に対して賃上げを要請しています。しかし、賃金は思うように伸びておらず、世論調査でも8割近くの人たちが景気回復を実感していないと答えています。

私は経団連への働きかけと同時に、最低賃金を引き上げ、全国一律にすべきだと考えています。世界の主要国では最低賃金は全国一律ですが、日本の場合は地域によって異なります。そのため、最低賃金の低い地方ではどうしても生活は苦しくなります。少なくとも最低賃金は一律1000円まで引き上げるべきです。

また、非正規雇用から正規雇用への転換も進める必要があります。非正規雇用者と正規雇用者では、取り組んでいる仕事の内容も拘束時間もあまり変わりません。それにもかかわらず、給料が違うというのはやはりおかしいと思います。

企業の内部留保課税も考えるべきです。自民党内でも内部留保課税を積極的に提唱している方がいます。内部留保課税は二重課税だとする批判もありますが、もしこれが実現できれば、大きなインパクトがあると思います。

子どもの人権の再確認

子どもの貧困や虐待を考える上でより重要なことは、子どもの人権を再確認することです。子どもは親の所有物ではなく、一人の人間として尊重され、尊厳を与えられなければなりません。これは当たり前のことですが、日本ではこの意識がすごく遅れています。

先ほどの金城さんによると、貧困状況に置かれた子どもたちは自尊心や自己肯定感が完全に欠落しています。特に生まれたころから虐待されたり、ネグレクトにあっている子どもたちは、自分に自信が持てないのだそうです。

そうした子どもたちに必要なことは、まずは居場所を提供することだと金城さんは指摘しています。子どもたちは自分の居場所を認められると、「自分はここにいてもいいんだ」ということがわかり、子どもたちの世界の中で自ずと自分なりのポジションをとるようになります。

その上で、子どもたちに「頑張って」と声をかけたり、良いことをやれば具体的に褒めたりすることで、自尊心を醸成していく。その段階になれば、子どもたちはきちんとコミュニケーションがとれるようになるそうです。

つまり、子どもを一人の人間として尊重することが、子どもたちを貧困や虐待から救い出すことにつながるということです。

そこで重要になるのが「児童憲章」の見直しです。児童憲章では「児童は、人として尊ばれる」、「児童は、社会の一員として重んぜられる」といったことが定められています。

これらは現在にも通じる重要なことです。しかし、この憲章が制定されたのは1951年です。すでに70年近く経過していますが、いまだに当時のままです。この間に行われた議論や研究の成果などを踏まえ、国民の意識改革という意味でも、児童憲章を見直す必要があると思います。

「懲戒権」の見直し

また、子どもの虐待を撲滅する上では、民法が定める「懲戒権」の見直しも考えなければなりません。懲戒権とはその名の通り、親が子どもを懲戒することです。

日本ではこれまで、親が子どものためを思って多少の懲戒を加えることは容認されてきました。現在でも、子どものためにやむにやまれず手をあげることは認めるべきではないかという意見は根強くあります。

これは日本に限った話ではありません。つい40年前までは世界各国でも日常的に体罰が行われていました。

世界で初めて子どもの体罰を法律で禁じたのはスウェーデンで、1979年のことです。その後、多くの国々が体罰を禁じていき、いまやその数は50ヶ国以上に上っています。先進国の中で体罰が禁じられていない国は日本だけです。ここにも日本の遅れが見られます。

さらに、児童虐待防止法における「親権」の見直しにも取り組む必要があります。最近の事例を見ると、子どもを虐待しているのは親権者に限りません。親権を持っていない継父や交際者などが虐待するケースも見られます。こうした事案にも対処していく必要があります。

子どもを虐待した場合の刑罰の厳格化も検討すべきです。アメリカの場合、州や市によっては、子どもを一人で留守番させるだけで逮捕・拘留の対象となります。

私は国会議員の仲間たちと一緒に、刑罰の厳格化について勉強会を行っています。もう二度と虐待死のような悲惨な事件を起こしてはならない。そのためにできることを実行していかなければならないと思っています。

社会の絆を取り戻す

私は児童虐待の問題を考える際、いつも思い出す言葉があります。夏目漱石の『こころ』の中に出てくる、「平生はみんな善人なんです。少なくともみんな普通の人間なんです。それが、いざという間際に、急に悪人に変わるんだから恐ろしい」という一節と、ドストエフスキーの『ペテルブルク年代記』に出てくる、「現代では、最も道徳的と見えた人間が、急に全くの悪人になる」という一節です。

虐待をする親は普段から絶対的悪人というわけではなく、本人の中にある悪魔的な部分が突発的に噴き出し、虐待に至ってしまうという側面もあると思います。現代では多くの親がストレスや孤独感、疲労に苦しんでいます。そういう意味では、程度の差はあれ、誰もが虐待をしてしまうリスクを抱えていると言えるのではないでしょうか。

しかし、もし親が虐待に手を染めてしまったとしても、社会との関わりがあれば、周囲の人たちが虐待に気づくことができるはずです。そのためにも、社会の絆という観点が非常に重要になります。

この点、沖縄はかねてより社会の絆や先祖とのつながりを大事にしてきました。今年2月に公開された「洗骨」という映画は、そのことをテーマにしています。これは沖縄県出身のお笑い芸人である「ガレッジセール」のゴリさんが監督・脚本を手がけた作品です。

洗骨とは、亡くなった人を一度埋葬し、数年後に死者の骨を綺麗に洗い、納骨するという風習です。この風習は沖縄の他には客家《はっか》にしか見られないと言われています。

この映画は粟国島を舞台にしており、洗骨をめぐる家族や祖先との絆を描いています。沖縄では多くの観客を動員しています。

私も上映初日に映画館で見て、とても感動しました。内閣府の沖縄担当の職員たちにもぜひ見てほしいとお願いしたところ、みなとても良かったと言ってくれています。

また、沖縄戦のときには住民たちはトートーメー（位牌）だけを持って逃げたという話を聞いたことがあります。それだけ先祖とのつながりを大事にしていたということです。お盆や正月に親族で集まったり、伝統行事を尊重するなどして、社会の絆を復活させていく必要があります。

ノーブレス・オブリージュとは

何よりも重要なことは、やはり教育です。東大生の家庭の50%以上が年収950万円を超えているという調査結果があるように、家庭の所得と学力が比例するのは厳然たる事実です。

毎年行われている全国学力テストの結果を見ると、沖縄県は年々全国平均に近づいているものの、都道府県別では依然として最下位です。

沖縄では沖縄戦で学校の先生たちが軍隊に動員され、先生が足りなくなった時代もありました。あまりにも先生が足りなかったため、学生たちは学校を卒業するとすぐに教師にさせられたそうです。このときのロスがいまも影響しているのではないかと思います。

しかし、生まれた家庭によって受けられる教育が左右されるようなことは、絶対にあってはなりません。それでは日本は階級社会になってしまいます。

こうした状況を避けるためには、公教育で一定の学力がつくシステムを作る必要があります。

それと同時に、「教育の質」を高めていくことも重要です。現在行われている教育の議論を見ると、教育の無償化をはじめ経済的な部分にばかり焦点があてられているような印象を受けます。

もちろん無償化は重要な議論ですし、進めるべきですが、知識さえ身につければそれでよいというわけではありません。

教育において重要なことは、人として価値のある生き方を身につけたり、総合的な人格形成に取り組むことだと思います。もっと言うならば、「ノーブレス・オブリージュ」です。ノーブレス・オブリージュとは、高い地位にある者にその地位にふさわしい振る舞いを求めることです。イギリスではイートン校やハーロー校などの名門校を出た人たちが率先して戦争に参加します。国家が危機に直面したとき、優秀な人たちが真っ先にリスクをとるという慣習があるのです。

もっとも、ノーブレス・オブリージュは必ずしも社会的階級に結びつける必要はないと思います。社会を引っ張っていく大人がきちんとした振る舞いをすること、これこそがノーブレス・オブリージュの根本だと思います。

このことを強調しているのが、台湾の李登輝元総統です。李登輝先生は『「武士道」解題　ノーブレス・オブリージュとは』（小学館）という本の中で、次のように言っています。

戦後の日本では、いわゆる「平等主義」についての誤まれる観念や解釈の影響からか、とかく「エリート」や「選良」といった一頭地を抜いて傑出した者の存在に関して、極めてネガティブで攻撃的ですらある論が長い間大手を振ってまかり通ってきたようです。

いわゆる「悪平等主義」の横行ですが、その結果、上から下まですべてが不道徳ないしは反道徳の典型のようになってしまった。率先垂範するべき「貴き身分」（ノーブレス）の者がいなくなってしまったからです。

「お上が目をつぶるなら〝護送船団〟なんだから悪いことをしないやつは馬鹿だ」と言わんばかりのムードが、国民全体に伝染し浸透してしまったからです。

孔子の教えに、「徳、孤ならず。必ず隣あり」という名言がありますが、反対に、戦後日本の「赤信号みんなで渡れば怖くない」式の風潮は「リンゴ箱の中のリンゴが一個でも腐るとみんな腐ってしまう」という実に情けない状況を現出してしまったのです。

教育を通して、社会的階級ではない「精神のノーブレス・オブリージュ」を再び取り戻さなければなりません。

大人の「心の貧困」

そういう意味では、子どもの貧困をもたらしたのは、大人の「心の貧困」だと言えます。これだけ子どもの貧困がニュースで報じられるようになっているにもかかわらず、大人たちの態度は非常に冷淡です。

たとえば、2015年に安倍総理らが発起人となり、民間基金「子供の未来応援基金」が設立されました。ところが当初、経済界からの大口寄付は一件もなく、300万円しか集まらなかったと報じられています。現在の日本には、社会的に弱い立場に置かれた人たちのために寄付しようという人があまりにも少ないように感じます。

これに対して、アメリカには寄付文化が浸透しており、海外の飢餓や自分の母校への寄付などが日常的に行われています。ボランティアも盛んです。また、寄付する人たちが社会的に尊敬される風潮もあります。

私は1年間ニューヨークに留学したことがありますが、駅や街角などで寄付を募る光景を何度も目にしました。私が見る限り、道行く人たちの8割が寄付をしていたと思います。寄付しない人の方が珍しいくらいでした。

これこそ経済の本来のあり方です。もともと経済は道徳心と密接不可分の存在です。たとえば、アダム・スミスは「道徳感情」に注目し、マックス・ウェーバーは「プロテスタンティズム」を重視しました。渋沢栄一には『論語と算盤』という著書があります。古今東西を問わず、一流の経済学者たちは、経済の根本に道徳心や人と人とのつながりを見出しています。自分のためではなく、社会のために働くことこそ経済の本質なのです。

実は沖縄県では現在でも比較的寄付が集まりやすいと言われています。企業経営者の方々に聞いたところ、地球の緑を増やす運動や心臓移植の募金などを行ったとき、一番寄付が集まるのが沖縄県なのだそうです。沖縄県の県民所得は非常に低いのですが、助け合いの心は強いのです。

思えば、戦後直後から海外に移住し始めた沖縄県民たちは、自分の生活が苦しい中でも、沖縄に残った家族や沖縄県庁へ寄付を行っていました。そうした精神がいまも残っているのかもしれません。

寄付を受けて進学したり、貧困から脱却した人たちは、必ず自分たちも寄付をします。そして、その寄付を受けた人たちもまた寄付を行います。そこに循環が生まれます。それは非常に素晴らしいことだと思います。

「世のため人のため」という言葉が聞かれなくなって久しいですが、誰かのために役立つことを率先して行い、それをみなが自然に褒め称えること。そのような雰囲気を作っていくことが大事だと思います。

外交・安全保障の最前線

安全保障環境の大変動

日本をめぐる安全保障環境が大きく変動しています。つい10年前と比較しても、非常に大きな変化です。

その要因はいくつか考えられます。サイバーや宇宙、電磁波といった新たな領域の出現や、中国の台頭、そしてアメリカでトランプ大統領が誕生したことです。

トランプ大統領は安全保障の根幹に関わる政策を次々に打ち出しています。たとえば、トランプ大統領は北朝鮮の金正恩労働党委員長と首脳会談を行い、朝鮮戦争の終結に向けて踏み出しました。もし朝鮮戦争が終結すれば、米軍が韓国に駐留する目的もなくなります。

もともとトランプ大統領は在韓米軍駐留費に不満を持っており、韓国からの米軍撤退の可能性について繰り返し言及してきました。朝鮮半島有事を想定して行ってきた米韓合同軍事演習も、規模が縮小されました。アメリカが在韓米軍のプレゼンスを低下させようとしていることは間違いありません。

トランプ大統領は日本に対しても在日米軍駐留費（いわゆる思いやり予算）の負担増を求めています。大統領選挙の最中には、日本が駐留経費をさらに負担しない場合は米軍撤退もありうると示唆していました。

在日米軍の駐留経費負担を定めた日米間特別協定は、２０２１年3月に期限を迎えます。そのため、特別協定の延長交渉の際には、アメリカから厳しい要求を突きつけられる可能性があります。

とにかく経費を削減するために同盟国にさらなる負担を求めたい――。これがトランプ大統領の本音ではないでしょうか。

そうした中、東アジアで影響力を拡大しているのが中国です。中国は猛烈なスピードで経済成長を遂げており、２０３０年までにアメリカを抜き、世界一の経済大国になると言われています。

経済大国になるということは、軍事大国にもなりうるということです。実際、中国は最新軍事技術の開発などにも力を入れており、たとえばアメリカのサイバー部隊の人員が

6200人であるのに対して、中国のサイバー部隊は2万人にも達します。

中国の特徴は、20年先、30年先を見据えた超長期戦略を持っていることです。これに対して、たとえば日本の防衛力のあり方を定める防衛大綱は10年先を見据えたものにすぎません。中国は日本よりも遥か未来を念頭に国造りをしているのです。

東アジアで影響力を拡大する中国

そこで問題になってくるのが沖縄県の位置づけです。

現在、日本の国土面積の約0・6％にすぎない沖縄県内には、全国の約70％の在日米軍専用施設が集中しています。また、那覇空港には航空自衛隊、海上自衛隊、陸上自衛隊の三つの部隊が駐屯しています。全国的に見ても三つの部隊が駐屯している空港は那覇空港だけです。さらに、沖縄の海を管轄する第十一管区海上保安本部には約1800人の隊員がおり、日本最大の管区となっています。このうち沖縄県出身は653人と、全体の3分の1を占めています。

このように、沖縄県はすでに大きな安全保障上の役割を担っています。沖縄県があるからこそ日本の主権が保たれていると言っても過言ではありません。

しかし、東アジアにおいてアメリカの影響力が相対的に低下し、中国が強大化するとなれば、沖縄県にさらに負担がかかってくる可能性もあります。

最近では日中関係は改善しつつあると言われていますが、しかし現在も尖閣諸島周辺では中国公船による領海侵犯や、中国の潜水艦が潜航したまま接続海域に侵入する事案が発生しています。

また、中国は第一列島線、第二列島線を確保すべく、様々な働きかけを行っています。第一列島線とは沖縄から台湾、フィリピン、ボルネオ島に至るラインのことであり、第二列島線は小笠原諸島からグアム、サイパンを含むマリアナ諸島群を結ぶラインです。中国は第一列島線を確実に守り、第二列島線まで進出することを目論んでいます。

もちろん中国が直ちに軍事力を行使するようなことはありません。彼らはむしろ、国際機関を利用することによって影響力を拡大しようとしています。

その一つがユネスコ（国連教育科学文化機関）です。トランプ政権が「ユネスコは反イスラエル的な姿勢を続けている」と批判し、イスラエルとともにユネスコから脱退したことは記憶に新しいと思います。その結果、ユネスコへの最大の出資国は中国となりました。

実はこれは日本にも無視できない影響を与えています。たとえば、日本政府は以前から奄美・沖縄を世界自然遺産に登録しようと動いていました。私が聞いた話によると、政府は当初、「奄美・琉球」という名称で登録しようとしていたそうです。

しかし、これに待ったをかけたのが中国です。中国にとって琉球とは、かつて自分たちの影響下にあった国の名前です。そのため、日本政府が琉球という名称を使うことは許せないと言い出したのです。その結果、日本政府は琉球という名称では世界自然遺産に登録できなくなってしまったのです。

また、中国は太平洋島嶼国に対しても攻勢を強めています。太平洋島嶼国は、中国と国交がある国と、台湾と外交関係がある国にわかれており、中国と台湾による熾烈な綱引きが行われています。

いま中国が最も注目しているのはパラオです。パラオは台湾と外交関係を持っており、なおかつ第二列島線上に位置しています。そのため、中国は何としてもパラオを自分たちの味方に引き込みたいのです。

もしパラオが中国の影響下に置かれることになれば、日本やアメリカの太平洋戦略は大きな変更を余儀なくされます。日本国内ではあまり注目されていませんが、パラオ問題は日本にとって死活的に重要なのです。そのため、安倍総理もパラオのレメンゲサウ大統領と会談するなどして、パラオとの関係を強化しています。

米海兵隊が沖縄にいる理由

もっとも、いくら日本をめぐる安全保障環境が変動しているとしても、沖縄がこれ以上の役割を果たすことは難しいと思います。沖縄県は現在でも大きな役割を担っていることは、繰り返し強調する必要があります。

もし沖縄県にさらなる負担がかかるようなことになれば、沖縄県内で反発の声が強まるでしょう。そうした事態を避けるためには、抑止力を維持しつつも、沖縄県の負担軽減を進めることを考えなければなりません。

その際に焦点になるのは、やはり普天間基地問題です。普天間基地は米軍の海兵隊によって使用されています。海兵隊とは、島嶼防衛をはじめ有事の際に即時対応にあたるための部隊です。

一部では、海兵隊は地政学的な理由から沖縄県に配備されているという見方がありますが、必ずしもそうではありません。

海兵隊は九州一体でなければ機能しません。海兵隊の移動手段である強襲揚陸艦は、長崎県の佐世保港にあります。有事の際には、海兵隊が長崎に向かうか、あるいは長崎の船が沖縄にやってくることになります。海兵隊が普天間基地から直接どこかに向かうわけではないのです。

そのため、以前から普天間基地を九州のどこかに移設すべきだとする議論が行われてきました。具体的な場所としては、たとえば佐賀空港です。佐賀空港はオスプレイの配備に耐えられる構造になっており、住宅地から離れた場所にあるため、騒音被害も最小限に抑えることができます。また、強襲揚陸艦のある佐世保港に近いので、ロケーションとしても優れています。

あるいは、山口県の岩国基地に移設すべきだとする議論もありました。すでに岩国基地に普天間基地にあった空中給油機が移駐されていることを見ればわかるように、岩国基地に普天間基地の機能を統合することは十分可能だと思います。

私は沖縄に海兵隊がいるのは、あくまでも政治的な理由からだと考えています。とはいえ、移設先を再交渉することは大変な政治力を必要とします。また、トランプ大統領が東アジアから米軍を引き上げたがっているのではないかとの疑念がある中で、再びアメリカと交渉すれば、日本が米軍撤退を後押ししているかのような誤ったメッセージになってしまう恐れもあります。

基地管理権を日本の手に

私が沖縄県の負担軽減のために重要だと考えているのは、基地の管理権の問題です。日米地位協定3条1項には、「合衆国は、施設及び区域内において、それらの設定、運営、警護及び管理のため必要なすべての措置を執ることができる」と定められています。そのため、米軍専用施設の場合、アメリカ側が排他的使用権を持つことになります。

他方、日米で共同使用している基地に関しては、米軍が管理する場合と自衛隊が管理する場合にわけられます。

現在、沖縄県内には32の米軍施設がありますが、そのうち31の施設が米軍専用施設です。これらは米軍の管理下に置かれているため、日本側は手も足も出ません。

これに対して、たとえば北海道には18の米軍施設がありますが、そのうち米軍専用施設はたったの1つしかありません。海外を見ても、イギリスやオーストラリアには米軍専用施設はなく、英軍や豪軍施設の中に米軍が駐留しています。こうした形であれば自国法の適用範囲が大きくなるのです。

私は沖縄の米軍基地についても日本側の管理権を拡大していくべきだと考えています。北海道でできているのだから、沖縄県でできないはずはありません。

私は内閣委員会（２０１６年10月19日）で、この問題に関して質問に立ちました。

國場委員　この沖縄には、三十二の米軍施設が存在しているわけであります。そして、これが全て今の統合計画の中で返還されたとしても七割は残るわけでありますから、その部分は積極果敢に返還を進めていくことが必要なんですが、この三十二の施設一つ一つを、例えば、共同管理が可能な施設は、これはもちろん地元の理解、合意というものが最重要でございますけれども、二4（a）を進められるところは進めていきながら、なおかつ、日本政府、自衛隊が管理可能な施設というものは、これは日本の主権回復の一環だと思います。今の安倍政権というものは、戦後体制からの脱却、主権というものをいかに回復していくのか、これが本土でできて沖縄でできないことは私はないと思っております。

沖縄の施設というものを、撤退しろ、私はそういう主張をしておりません、必要とするのであれば、日本国が、日本政府が責任を、主権を持って管理していく、目指していく。

例えば、オーストラリアやイギリスの方には、米軍の専用施設というものは存在しておりません。私は、日米がこれだけ七十一年間の価値観やそしてまた信頼関係というものを構築していることを前提とすれば、それは日本においてもできないことはない、こういうふうに考えておりますが、この点に対する答弁をお願いします。

小林大臣政務官　我が国の防衛やアジア太平洋地域の平和と安全に寄与する抑止力といたしまして日米同盟が十分に機能するようにするためには、在日米軍のプレゼンスが確保されていることが必要でございます。

このため、我が国と米国は、日米安保条約に米国の日本防衛義務を規定する一方で、我が国の施設・区域の使用を米国に認めているところでございます。

我が国を取り巻く安全保障環境が一層厳しさを増していく中で、委員御指摘のように、在日米軍がいわば自衛隊の施設を借りるような形にするということは、日米安保体制の中核的要素である在日米軍の駐留のあり方、これを根本的に見直すということにほかならないところ、施設・区域を共同使用していく場合の管理権につきましては、日米同盟が十分に機能するのか、あるいはそうでないのか、その点を十分に踏まえた上で慎重に検討されるべき問題であるというふうに受けとめております。

管理権は国家主権そのものです。日本政府が管理権を持つことになれば、沖縄の基地負担軽減と抑止力の維持を両立させることができるはずです。

サイバー兵器の出現

沖縄の負担軽減を考える際には、サイバー兵器やAIといった新技術にも着目する必要があります。これらは地政学や安全保障など従来の概念を大きく変えていくはずです。

特に日本にとってサイバーはきわめて重要です。日本は専守防衛の国ですから、敵地攻撃能力などを高めていくことには制約があります。そうした中で平和と安全を維持しようと思えば、サイバーやインテリジェンス能力が決定的に重要になります。

サイバーは民主主義のあり方にも影響を与えます。2016年のアメリカ大統領選挙でも、ロシアによるサイバー攻撃が行われたと言われています。今後、日本の選挙でも同じようなことが起こらないとは言えません。

2019年に行われた河野太郎外務大臣の外交演説でも、サイバーの重要性が強調されていました。この外交演説は、私が聞いた演説の中でも最も優れたものの一つだと思います。

サイバー空間においても、近年、一部の国が管理・統制する潮流が出てきています。

過度な管理・統制に対し、我が国は民間や学術界、市民社会から幅広い参加を促す国際的なマルチステークホルダーの取組に基づき、「自由、公正かつ安全なサイバー空間」を堅持していきます。また、人工知能、IoT、第五世代移動通信システム等の技術の発展は新しいサービスを生み出し、社会的価値を創出する一方、サイバー攻撃に対する社会の脆弱性を増していきます。こうした脅威に一国のみで対応することは容易ではなく、国際社会全体との連携が不可欠です。こうした認識の下、日本は「法の支配の推進」、「信頼醸成措置の推進」、「能力構築支援」を三本柱としてサイバー外交を推し進め、「自由、公正かつ安全なサイバー空間」を実現していきます。

もちろん、いくらサイバーやＡＩが発達したとしても、従来の安全保障概念が完全に無用になることはありません。現在活用されている軍事兵器がすべてサイバーに置き換わるとは考えられません。結局のところバランスの問題になるでしょう。いずれにせよ、米軍基地の役割が変容することは間違いないと思います。

戦後１００年を見据えたビジョン

日本はあと26年で戦後100年を迎えます。このときにはアメリカや中国の状況は現在よりもさらに変化しているはずです。サイバーやAIの開発も格段に進んでいるでしょう。抑止力の維持と負担軽減を考えるときには、こうした超長期的視点が必要になると思います。私はこの点を予算委員会（2018年1月29日）で安倍総理に質問しました。

國場委員　続きまして、抑止力の維持と沖縄の基地負担軽減の両立についてお尋ねしたいと思います。

安倍政権は、この五年間の実績として、今総理みずからも答弁ありましたように、復帰後最大の返還をなし遂げた北部訓練場の返還、これは二十年越しでありま す。普天間基地所属の空中給油機KC130十五機全機の岩国基地への移駐、これは十八年越しであります。普天間の返還合意は二十二年前に決定したことでございます。

長年動かなかった事態を動かしたリーダーシップは、高い評価があると思います。同時に、返還合意がなされても、それだけ時間がかかるという現実もあります。

今まで、基地負担軽減に関する日米の合意は、一九九六年のSACO合意、二〇〇六年の米軍再編、そして二〇一三年の統合計画とありますが、これらの返還を全て実現したとしても、それでもなお沖縄には、日本全体の六九・七%の米軍の専用施設が残ります。安全保障の最前線でもある沖縄には、一定の抑止力は、今後も必要性は高まることがあっても、簡単には軽減されないと思います。

しかし、安定的な日米同盟の運用のためには、過重負担を軽減していかなければなりません。抑止力の維持と負担の軽減、この双方のバランスある未来志向の解決策として、在沖米軍基地の専用施設を日本国政府に移管する、その過程としての自衛隊との共同運用、共同管理という視点は大切だと私は考えております。自衛隊と米軍が共同で運用する機会をふやすことで、地域住民の感情の緩和にもつながりますし、在日米軍基地は日本の領土に存在している以上、我が国の主権を拡大するという試みは常に大切でございます。

戦後百年まであと二十七年です。今こそ、二十年後、三十年後といった未来を見据えた日米安全保障のグランドデザインを描く時期でもございます。特に安倍総理は、安定した政権基盤と、世界七十六の国・地域を訪問し、六百回の首脳会談を行い、アメリカ大統領とも深い信頼関係を構築しております。次世代を見据えた、安倍総理にしかできない抑止力の維持と基地負担軽減の両立の策もあるのではないのか、その見解をお聞かせください。

安倍内閣総理大臣　沖縄の基地負担軽減について、さらなる将来ビジョンを描く必要があるとの御指摘は、沖縄御出身の國場議員のお考えだけに、重要な御指摘と受けとめたいと思います。

同時に、まず重要なことは、現在の計画を前に進めていくことだろうと思います。地元の強い要望を受け、日米で合意したことを一つ一つ着実に実現していかなければ、真の負担軽減にはつながらないと考えています。

また、第二次安倍政権になって、先ほど申し上げましたが、嘉手納以南の土地の返還計画を日米で合意できたことは大きな成果であると考えています。

嘉手納以南の地域は、沖縄県の人口の約八割が集中する人口密集地であり、この地域に所在する米軍基地の約七割が返還されることになります。人口が集中し、そして政治経済の中心部である土地の返還は、その跡地を利用して、沖縄全体の発展に大きく寄与するものと考えます。

SACO最終報告以降、計画に従い、既に沖縄の米軍基地の約二割が返還されていますが、日米で合意した計画が全て実現すれば、沖縄の米軍基地は、本土復帰直前の状態と比べて半分になるわけであります。米軍基地の半減目標を絵に描いた餅にしてはいけないわけでありまして、安倍政権は、まず何としてもこれを現実のものとすることが責務であると考えています。

現状としては、日米両政府で唯一返還合意され、最高裁で判決の下されたキャンプシュワブへの移設を、緊急避難的措置として受け入れざるをえない状態にあります。しかし、可能な限り米軍の訓練を移転することは当然として、日本政府が基地の管理権を持つことや、基地の軍民共用化を目指すこと、あるいは有事の際のみ米軍が駐留する可能性を追求することなど、県民の理解が得られる負担軽減と抑止力維持の姿を模索し続けることが必要です。

私は２０１２年の総選挙で基地の県外移設を掲げて初当選し、先述したように、普天間移設作業をめぐって党本部と激しいやり取りをする中でも、普天間基地の固定化阻止とともに除名覚悟で県外移設堅持を貫きました。しかし、あの場面はいまも地元の有権者の方から厳しいご指摘をいただきます。

自民党の立党精神は、戦後体制、占領体制からの脱却です。それはすなわち、独立国家として主権を確立するということです。この自民党の党是を沖縄県にも適用しなければ、日本にとっての戦後は終わりません。

私はあのとき直面した究極の苦悩と葛藤を決して忘れず、改めて深く腹を据え、基地問題と安全保障問題に取り組んでいきます。

在日外国人と向き合う

海外移住の日

２０１９年４月１日に改正入管法が施行されました。これにより、今後５年間で最大35万人の外国人労働者が日本にやってくることになります。

この改正入管法をめぐり、しばしば批判的な声を聞くことがあります。

「外国人が増えると、日本人の仕事が奪われる。」

「ヨーロッパ諸国を見ろ、日本も同じようになるぞ。」

「犯罪が増え、治安が悪化するのではないか。」

それぞれ重要な論点だと思います。しかし、日本ではすでに２５０万人を超える外国籍の人たちが生活しています。海外から日本に観光にくる人たちも増えていますし、多文化交流も盛んです。今後もグローバル化の流れが止まることはないでしょう。人口減少、とりわけ若年人口の激減化という現状に対処するためにも、私たちは在日外国人と向き合っていく必要があります。

私がこの問題を考える際にいつも念頭に置いていることは、日本にも海外に移民を送り出してきた歴史があるということです。

皆さんは6月18日が何の日かご存知でしょうか。

この日は「海外移住の日」とされています。

１９０８年４月、神戸港から一隻の船が出港しました。船の名前は「笠戸丸」。中には日本人移住者７８１名が乗っていました。この船が目的地であるブラジルのサントス港に到着したのが6月18日なのです。

日本人移民を受け入れてくれたブラジルでは、この日は「日本移民の日」と呼ばれています。ブラジルはＢＲＩＣＳの一角を占め、世界から注目を集めていますが、その成長の過程には多くの日本人が流してきた汗や涙、労苦が凝縮されているのです。

ブラジル政府もそのことを理解し、国内の日系人社会に感謝しているからこそ、6月18日を記念日にしたのだと思います。

笠戸丸は沖縄県とも深い関わりがあります。笠戸丸に乗っていた日本人移住者７８１名のうち、沖縄県民は３２５人もいたのです。いかに沖縄が移民に積極的だったかがわかります。

沖縄移民の父

沖縄の海外移住の歴史は琉球王国時代までさかのぼります。南洋や東南アジアなどと交易を行う中で、海外に移住する人たちが出てきたと言われています。

正式な集団移住が始まったのは１８９９年からです。このとき26人の沖縄県民がハワイへ渡りました。

この送り出しに尽力したのが、「沖縄移民と父」と呼ばれる當山久三です。當山は１８６８年に現在の沖縄県国頭郡金武町に生まれました。沖縄師範学校を卒業して教師となり、その後、村の改革などに取り組みます。

そうした中で、當山は県民の海外移住を検討するようになります。その要因の一つは、沖縄県民が苦しい生活を送っていたことです。沖縄では満足な生活ができないため、いわば出稼ぎとして移住が進められたのです。

また、１８９８年から沖縄の一般県民に徴兵令が施行されたので、徴兵忌避のために跡継ぎの男子たちを移民させる例も多かったと言われています。

當山自身も1903年、同じ村の出身者たちとともにハワイへ渡っています。出発の際には「いざ行かむ吾等の家は五大洲」という歌を詠んでいます。故郷に錦を飾ろうとする意気込みが伝わってきます。

移民先はハワイを皮切りに、アメリカ本土やペルー、ブラジル、フィリピンなどへ広がっていきました。移民者の数は7万人以上に上ります。彼らは移民先から沖縄の家族たちへの送金を絶やしませんでした。沖縄県も移民の収入に頼っており、1929年の沖縄県収入総額の66・4%は移民からの送金でした。

當山はいまでも沖縄で慕われています。2018年には當山の生誕150年を祝う記念祭が開催されました。苦難を乗り越え移民事業を成功させた先人たちに思いを馳せる素晴らしい機会になったと思います。

過酷な移住生活

とはいえ、当時の海外移住は決して楽なものではありませんでした。見知らぬ海外の地で働くのですから、当然のことです。

1974年に出版された『移民は生きる』（日米時報社）という本があります。沖縄移民の方々が移民先でどのような生活を送っていたかなど、生の証言をまとめた書物です。これを読むと、移民先の生活が非常に辛いものだったことがわかります。
ハワイに移住して耕地労働に従事していた人は、自らの体験を次のように語っています。

当時の耕地労働者の状態を見るに三〇人、乃至《ないし》五〇人を一組とし、これに一人の監督者を配した。監督はルナと称し、耕地代表者の役目であって、耕地に於《おい》ては労働者の上の最高の権威者で、作業中は絶えずゴーヘイゴーヘイ（早くやれ早くやれ）と叱咤し高圧的ですこしも休む暇を与えず、さながら牛馬を駆使するが如く精根の続く限り酷使され、所謂《いわゆる》奴隷制度とはかくの如きものかと身の毛もよだつ程酷烈な取扱を受けた。このようにして一日十時間汗水流して働いて給料は一日たった六十九セント、一ケ月二六日働いて僅かに十八ドルであった。当時の労働者の一ケ月の生活費は食料が六ドル五十セント、洗濯賃が五十セント、風呂賃が三十五セント、煙草代が五十セント、合計七ドル八十五セントであった。之れは一ケ月の主要の生計費である。

日米戦争が始まると、アメリカに移住した沖縄県民たちは苦しい立場に立たされます。

アメリカ政府から敵国人として扱われ、強制収容されるケースもありました。

アメリカ生まれの沖縄2世の中には、アメリカ兵として戦争に従事した人もいます。彼らは沖縄戦では通訳としても働きました。沖縄住民たちに沖縄の言葉を使って降伏を呼びかけ、多くの命を救ったのです。

沖縄戦の結果、沖縄は壊滅的な打撃を被ります。この様子は海外に移民した沖縄県民たちにも伝わりました。

そこで、沖縄住民に慰問品を送る沖縄救済運動が始まります。この運動はハワイや北米、南米へと広がっていきました。

戦後も沖縄からの移民は続きます。第二次世界大戦終結後、沖縄には海外から多くの人たちが引き上げてきたため、人口過剰となりました。そこで、アメリカの統治下で設立された琉球政府は、人口を抑制すべく、海外移住政策を打ち出したのです。

海外移住資料館によると、沖縄の戦後移民が始まったのは1948年からです。その多くは先に移住していた家族や親戚から呼び寄せられた人たちでした。

1954年には琉球政府による計画移民として、278人がボリビアに送り出されます。その後もボリビアへの送り出しは続き、1965年までに3000人以上が移住しました。

1957年から1962年には、ブラジルやアルゼンチン、ボリビア、ペルーなどへ、毎年1000人以上が移住しています。

世界で活躍した稲嶺一郎

戦後の沖縄移民を語る上で欠かせない人物が、稲嶺一郎氏です。稲嶺氏は稲嶺恵一沖縄県知事のお父さんです。稲嶺一郎氏は今後の沖縄が参考にすべき重要な人物なので、稲嶺氏の著書『世界を舞台に』（沖縄タイムス）を参考に、少し詳しく紹介したいと思います。

稲嶺一郎氏は早稲田高等学院、早稲田大学で学び、高等学院時代には大川周明の薫陶を受けます。大川周明とは、東京裁判においてA級戦犯の容疑で起訴された人物ですが、西洋列強の植民地支配を批判し、コーランの翻訳に取り組むなど、アジア主義者としても有名です。

稲嶺氏は大学卒業後、南満州鉄道株式会社（満鉄）に入社します。大川周明が満鉄で仕事をしていたので、大川への憧れもあったのだと思います。

満鉄は国策会社であり、南満州における鉄道と炭鉱の経営に取り組んでいました。それと同時に、アジア大陸における情報収集も行っていました。いわゆるインテリジェンス機関だったのです。

稲嶺氏は満鉄時代に欧米へ視察に行っています。これは満鉄社員5万人の中から5人しか行けない視察旅行だったそうです。それだけ優秀だったということでしょう。ドイツではたまたま開催されていたナチス大会に潜り込み、ヒトラーの演説を聞いたといいます。

欧米から帰国後、今度はアジアと中東に送り出されます。そしてベトナムやカンボジア、タイ、さらにはエジプトやアフガニスタンなど、まさに世界中を見て回ったのです。

こうした視察を終えたあと、稲嶺氏はタイで満鉄のバンコク事務所長に就任しました。第二次世界大戦が始まると、満鉄は情報収集や土地の管理などに従事するようになります。稲嶺氏はビルマ独立義勇軍の青年活動家たちと交流したり、バンコク事務所から引き上げる際に魚雷攻撃を受けるなど、九死に一生の体験もしています。

戦争終結直前にはインドネシアのジャカルタ海軍武官府に派遣されます。ここで、稲嶺氏はインドネシア独立戦争を支援し、食糧や武器などを渡していました。そのため、連合軍に捕まり、インドネシアの刑務所に入れられてしまいました。

しかし、このことをきっかけに、稲嶺氏は1988年、インドネシアの独立や復興のために尽力した人に与えられるナラリア勲章を受章しています。

ＧＨＱの調査員として

稲嶺氏は戦後しばらくして釈放されると、１９４７年に日本に帰国しました。すでに満鉄は解散しており、今後の身の振り方について考えていたところ、在日沖縄人連盟から誘いを受けました。

この組織は沖縄出身の海外引揚者や本土在住者たちの援護業務に従事していました。沖縄は米軍の占領下に置かれ、本土─沖縄間の往来が禁止されていたので、様々な問題が生じていました。こうした問題に対応するために在日沖縄人連盟が結成されたのです。

稲嶺氏は英語ができたこともあって、ＧＨＱ（連合国軍最高司令官総司令部）との交渉を担当します。たとえば、本土─沖縄間の郵便料金は外国扱いで高く設定されていたので、国内並みに安くさせるなど、多くの成果をあげました。

稲嶺氏は交渉の中でＧＨＱの沖縄担当官と仲良くなり、沖縄の現状についても議論するようになります。ＧＨＱはそこで稲嶺氏の能力に目をつけたのか、彼を調査員として沖縄に派遣することを決定したのです。

ＧＨＱはおそらく、稲嶺氏が満鉄でインテリジェンスに関わっていたので、その調査能力に期待したのだと思います。

早稲田大学教授の江上能義氏によると、このとき稲嶺氏は宮古や八重山まで足を伸ばし、沖縄の状況を丹念に調べ、報告書にまとめています。その中では、米軍統治の成功例として八重山のマラリア撲滅をあげる一方、横暴な米軍幹部の問題や、沖縄民政府の統治能力が低いことを批判するなど、厳しい指摘もしています（「沖縄議会総辞職事件と稲嶺一郎の琉球視察報告書」）。

稲嶺氏はこの報告書をＧＨＱに提出しました。これはのちに沖縄施政に関する手引書として活用された可能性もあるようです。

１９５３年、稲嶺氏は沖縄移民を取り扱う「琉球海外協会」会長に就任しました。当時の沖縄県では、人口過剰や貧困対策のために、移民の送り出しが急務の課題となっていました。そこで稲嶺氏は受け入れ先の南米諸国やアメリカ本国と交渉を重ね、協力の約束を取りつけたのです。

このように、稲嶺一郎氏は世界を舞台に活躍した、実にスケールの大きい政治家でした。大川周明から学んだアジア主義を大切にしつつ、欧米にも目配りしていました。グローバル化が進み、外国との交流が盛んになっている現在こそ、見直さなければならない人物だと思います。

西銘知事の業績

沖縄県が移民を送り出してきた国々では、今日でも「沖縄」を感じられるものがたくさんあります。

たとえば、ハワイでは9月の第一土曜日に沖縄フェスティバルが開催されます。ハワイの日系人の多くは沖縄県出身者であり、2014年には沖縄県にルーツを持つデービッド・イゲ氏がハワイ州知事となりました。また、ボリビアには「オキナワ」という村まであります。

沖縄移民との交流も続いています。沖縄では世界中のウチナーンチュが集う「世界のウチナーンチュ大会」が5年に1度開催されています。1990年に第1回大会が開催され、2016年の第6回大会には26カ国・2地域から過去最多の約7300人が参加しました。これは第1回大会の約3倍の人数です。

世界のウチナーンチュ大会の開催を推進したのは、1978年より沖縄県知事を務めた西銘順治氏です。

私は西銘県政時代に副知事を務めた宮城宏光氏に、後援会長を務めていただいたことがあります。そのため、西銘知事のお話もよくうかがいました。

西銘氏が知事を終えたあと、「知事として取り組んで良かったことは何ですか」と尋ねたところ、真っ先にあげたのが沖縄県立芸術大学を設立したことだったそうです。西銘知事は沖縄が立脚する文化や芸術を守るため、決して豊かではない財政の中でこの事業を進めました。世界のウチナーンチュ大会の開催も、その延長線上にあったのだと思います。

世界のウチナーンチュ大会以外にも、沖縄出身者たちは様々な機会を使って交流を続けています。沖縄出身の経営者などがネットワークを築くために「ワールドワイド・ウチナーンチュ・ビジネス・ネットワーク」を設立したり、若い人たちが中心となって「世界若者ウチナーンチュ連合会」を発足させるなど、多くの活動が行われています。

上皇陛下の思い

今後、日本にやってくる外国人労働者の方々と共生していくためには、沖縄の経験が役に立つはずです。

外国人と一緒に暮らす上で重要なことは、お互いの間にある偏見をなくしていくことだと思います。これは言葉にするのは簡単ですが、なかなか実現できないことも事実です。日本社会の中でさえ、お互いの理解不足のために対立が生じることがあります。

先ほどの『移民は生きる』には、移民先で沖縄県出身者と本土出身者が互いにいがみ合っていたという証言がたくさん出てきます。そのため、ハワイ在住の沖縄出身者の中には、沖縄の日本復帰に反対する人までいたようです。貴重な証言なので、引用します。

彼らにいわせれば、沖縄にいるウチナンチュは、ナイチなるものを全くわかっていない。ウチナンチュがどんなに涙を流してナイチを同胞としたっても、彼らはウチナンチュを同胞として受入れてくれない。そんな屈辱的な思いをしてまで日本国の一部になる必要はない。むしろ、独立をするか、あるいはアメリカの一部になった方が経済的にも精神的健康のためにもいい、恐らくこれから永遠にまたと来ない独立する、あるいはアメリカの一部となる機会をみすみす逃がしている。沖縄の人々がだらしがないので、ハワイにいるウチナンチュの立場も苦しい。いつまでたっても準日本人の地位に自らをおいていたのでは、一体自分はだれかという問いに対する答えはでてこない。一日も早くウチナンチュとしての身分を打ち立てるべきである。

海外移民には多くの苦難がともないます。それでも日本が何とか移住政策を実現できたのは、現地の人たちが日本人を理解し、受け入れてくれたからです。日本はいまこそその恩返しをすべきです。

これは天皇陛下（現・上皇陛下）のお考えでもあります。２０１８年の天皇誕生日に際して行われた記者会見では、次のようにおっしゃっています。

今年、我が国から海外への移住が始まって１５０年を迎えました。この間、多くの日本人は、赴いた地の人々の助けを受けながら努力を重ね、その社会の一員として活躍するようになりました。こうした日系の人たちの努力を思いながら、各国を訪れた際には、できる限り会う機会を持ってきました。そして近年、多くの外国人が我が国で働くようになりました。私どもがフィリピンやベトナムを訪問した際も、将来日本で職業に就くことを目指してその準備に励んでいる人たちと会いました。日系の人たちが各国で助けを受けながら、それぞれの社会の一員として活躍していることに思いを致しつつ、各国から我が国に来て仕事をする人々を、社会の一員として私ども皆が温かく迎えることができるよう願っています。

沖縄県は「万国津梁《ばんこくしんりょう》」を基本理念としています。万国津梁とは「世界の架け橋」、「進取の精神」を意味します。

これはいまこそ見直されるべき理念です。私は沖縄選出の国会議員として、外国人労働者の受け入れのために全力を尽くしたいと思います。

沖縄にとって天皇とは

「沖縄メッセージ」をどう見るか

2019年5月1日に新たな天皇が即位され、新元号は「令和」となりました。昭和から平成の御代替わりのときは、昭和天皇の崩御を経てのことだったため、日本全体が喪に服し、沈痛な雰囲気が広がっていました。これに対して、今回は全国各地で新時代を祝う躍動感が見られます。

私は新たな時代を迎えるにあたり、改めて「沖縄にとって天皇とはどのような存在か」ということを考える必要があると思っています。

沖縄ではかつては天皇の戦争責任を追及したり、天皇の存在そのものを否定するなど、皇室に対して批判的な議論も目立っていました。しかし、平成の最後に行われた県民調査では、天皇陛下（現・上皇陛下）に好感を持っていると答えた割合が9割近くに上りました。沖縄県内の意識は確実に変化しています。

私自身が天皇という存在を意識し始めたのは、小学生のときです。そのころは昭和天皇の時代でした。

沖縄では天皇に批判的な人が多いと言われますが、私の家族や知人、友人など、私の周囲にいた人たちから天皇批判を聞いた記憶はありません。「天皇陛下を尊敬している」と口にする人がいたわけではありませんが、それでも天皇陛下への思いは伝わってきました。

沖縄の中に天皇陛下に対する批判的な声があるのは、一つには昭和天皇の「沖縄メッセージ」が関係していると思います。これは日本の敗戦直後、昭和天皇がマッカーサーに対して、日本の安全保障を維持するためにアメリカが沖縄の軍事占領を継続することを望むと述べられたとするものです。

そのため、昭和天皇は日本本土を守るために沖縄を切り捨てたと言われることがあります。また、この「沖縄メッセージ」が現在の沖縄の基地負担につながっているとする見方もあります。

宮内庁がまとめた『昭和天皇実録』（東京書籍）にも、「沖縄メッセージ」に関する記述が見られます。

午前、内廷庁舎御政務室において宮内府御用掛寺崎英成の拝謁をお受けになる。なお、この日午後、寺崎は対日理事会議長兼連合国最高司令部外交局長ウィリアム・ジョセフ・シーボルトを訪問する。シーボルトは、この時寺崎から聞いた内容を連合国最高司令官及び米国国務長官に報告する。この報告には、天皇は米国が沖縄及び他の琉球諸島の軍事占領を継続することを希望されており、その占領は米国の利益となり、また日本を保護することにもなるとのお考えである旨、さらに、米国による沖縄等の軍事占領は、日本に主権を残しつつ、長期貸与の形をとるべきであると感じておられる旨、この占領方式であれば、米国が琉球諸島に対する恒久的な意図を何ら持たず、また他の諸国、とりわけソ連と中国が類似の権利を要求し得ないことを日本国民に確信させるであろうとのお考えに基づくものである旨などが記される。

私には「沖縄メッセージ」の真偽を検証する力はありません。しかし、これが本物であると言い切ることはできないと思います。当時のアメリカが沖縄と本土の分断を図るため、宣伝工作を行った可能性も否定し切れないのではないでしょうか。

また、仮にこのメッセージが本物だったとしても、あのとき日本が置かれていた状況を考えると、昭和天皇はギリギリの判断をされたのだと思います。決して日本本土を守るために沖縄を見捨てたなどという単純な話ではないと思います。

実際、昭和天皇はいつも沖縄のことを気にかけておられました。昭和天皇は１９８７年に沖縄県で国民体育大会が開催されることになったとき、沖縄を訪問される予定でした。しかし、体調を崩され、手術されることになったため、訪問を見送らざるをえなくなってしまいました。

その際、昭和天皇は次の御製を詠まれています。

思はざる　病となりぬ　沖縄を　たづねて果さむ　つとめありしを

昭和天皇はついに沖縄の地を踏まずに崩御されましたが、最後まで沖縄のことを考えてくださっていたのだと思います。

火炎瓶を投げつけられた皇太子

昭和天皇が沖縄訪問をキャンセルせざるをえなくなったとき、そのご名代として沖縄を訪問されたのが、当時皇太子だった上皇陛下でした。上皇陛下は皇太子時代を合わせると、実に11回も沖縄を訪問されています。沖縄にとって最も身近な天皇だったと言えるのではないでしょうか。

上皇陛下もまた沖縄に対して強い思いを持っておられます。上皇陛下は本土の人々がほとんど沖縄に関心を向けていなかったころから、沖縄県民が日本に復帰してよかったと思えるように、積極的に沖縄の伝統や文化を学ばれたと言われています。

実際、上皇陛下は琉歌もたくさん詠まれています。琉歌とは沖縄に伝わる歌謡のことです。

2012年にお亡くなりになった外間守善氏という方がいます。外間氏は琉球王国時代の歌謡集である「おもろそうし」の研究家でした。

外間氏は上皇陛下が天皇だったころにご進講され、琉歌の添削もされたそうです。「歴代の琉球王にも、これほど琉歌を詠まれた方はいなかった」とおっしゃっていました。

陛下が初めて沖縄を訪問されたのは、1975年のことです。沖縄で国際海洋博覧会が行われることになったため、その開会式に皇太子としてご臨席されました。

しかし、当時はまだ沖縄の日本復帰から3年しかたっておらず、沖縄県内には天皇に批判的な感情が残っていました。左翼過激派が皇太子の訪沖阻止を訴えるなど、不穏な空気が漂っていました。

もちろん陛下もそのことはご理解されていました。その上で、自分は沖縄に行かなければならないという強いご意志を示されたと言われています。

沖縄ではひめゆりの塔や魂魄の塔などの戦跡をご巡幸されました。

このとき、恐れていた事態が起こります。

ひめゆりの塔の前で案内役の方からご説明を受けていたまさにそのとき、近くの地下壕に隠れていた過激派たちがあらわれ、火炎瓶を投げつけたのです。

幸なことに陛下にお怪我はありませんでした。陛下は周囲が混乱する中でも、ご自身よりも案内役の方のご心配をされていたそうです。

対馬丸事件への思い

上皇陛下は対馬丸に対しても強い思いを持っておられます。対馬丸についてはすでに紹介しましたので、ここでは簡単に振り返るだけにしたいと思います。

戦前の日本は本土決戦が近づく中、沖縄の住民たちを県外へ疎開させました。しかし、疎開はなかなか思うように進みません。政府としては、何とか学童だけでも疎開させようとしていたようです。
このとき学童疎開のために用いられた輸送船の一つが対馬丸です。対馬丸は学童ら1788人を乗せて九州へ向かいました。ところがその途中、アメリカの潜水艦ボーフィン号から魚雷攻撃を受けます。それにより、多くの学童が命を落とすことになったのです。陛下は対馬丸事件で亡くなった学童たちと同世代なので、対馬丸のことを大変気にされていました。そのため、橋本政権が海底に横たわる対馬丸を見つけ出したとき、大変感慨深い思いを懐かれたようです。
同年に行われた記者会見では、次のようにおっしゃっています。

数日前、戦争中1500人近くの乗船者を乗せた学童疎開船対馬丸が米国の潜水艦に沈められ、その船体が悪石島の近くの海底で横たわっている姿がテレビの画面に映し出されました。私と同じ年代の多くの人々がその中に含まれており、本当に痛ましいことに感じています。

対馬丸が撃沈されてから70年がたった2014年、陛下は慰霊のために沖縄を訪問され、対馬丸事件の生存者やご遺族の方々と懇談されました。私も沖縄の人間として感慨深い思いでした。

戦争のない時代を受け継ぐ

陛下は常に沖縄のことを我がこととして受け止め、沖縄と喜怒哀楽をともにしてくれました。

２０１８年に行われた御在位30年記念式典でも、沖縄に対する様々な配慮をしてくださいました。この記念式典では、沖縄出身のアーティストである三浦大知さんが記念演奏を行いました。三浦さんが披露した「歌声の響」は、陛下が１９７５年に初めて沖縄を訪れ、名護市のハンセン病療養所を訪問されたときの思いを詠ったものです。

陛下はこれに先立つ天皇誕生日の記者会見でも、沖縄への思いを吐露されています。

昭和28年に奄美群島の復帰が、昭和43年に小笠原諸島の復帰が、そして昭和47年に沖縄の復帰が成し遂げられました。沖縄は、先の大戦を含め実に長い苦難の歴史をたどってきました。皇太子時代を含め、私は皇后と共に11回訪問を重ね、その歴史や文化を理解するよう努めてきました。沖縄の人々が耐え続けた犠牲に心を寄せていくとの私どもの思いは、これからも変わることはありません。
そうした中で平成の時代に入り、戦後50年、60年、70年の節目の年を迎えました。先の大戦で多くの人命が失われ、また、我が国の戦後の平和と繁栄が、このような多くの犠牲と国民のたゆみない努力によって築かれたものであることを忘れず、戦後生まれの人々にもこのことを正しく伝えていくことが大切であると思ってきました。平成が戦争のない時代として終わろうとしていることに、心から安堵しています。

陛下はここで、戦争経験のない人たちが増えていることへの危惧も示されています。私たちは上皇陛下の思いを引き継ぎ、令和もまた戦争のない時代にしなければなりません。それが令和を生きる私たちに課せられた使命です。

第三部　識者との対話

私は「沖縄にとって保守とは何か」、「保守政治家はどうあるべきか」ということを考えながら、政治活動に取り組んできました。

沖縄の伝統や文化などを大切にしながらも、人権や民主主義といった普遍性も守っていく必要がある。そのためには何が必要なのか。

ここでは私の尊敬する３人の方々との対談を通じて、こうした問題を考えていきたいと思います。

一人目は、小野寺五典元防衛大臣です。小野寺先生は私の属する「宏池会」の先輩議員です。小野寺先生は若手議員たちの勉強会にも積極的に参加してくださり、ご自身の経験に基づいた的確なアドバイスをしてくれます。

小野寺先生は防衛大臣として沖縄にも様々な配慮をしてくれました。これこそ保守政治家としてあるべき姿だと思います。

二人目は、元外務省主任分析官で作家の佐藤優先生です。佐藤先生のお母さんは沖縄県の久米島のご出身であり、佐藤先生自身、沖縄の歴史や文化に通暁しています。

佐藤先生は外交官時代、橋本龍太郎総理や小渕恵三総理、野中広務

先生、鈴木宗男先生といった方々と一緒に仕事をされており、作家として大田昌秀知事や翁長雄志知事と対談を重ねています。まさに現実政治との格闘を通じて思想を紡いできた方だと思います。

三人目は、東京工業大学教授の中島岳志先生です。中島先生はイギリスの保守政治家であるエドマンド・バークの専門家です。バークはアイルランド人でありながら、イギリスの政治家として30年間活動してきました。イギリスとアイルランドの間には複雑な歴史があるため、バークは葛藤しながら政治に取り組んでいたのではないかと思います。

これは日本本土と沖縄の関係に似ています。そのため、沖縄の保守政治家のあり方を考える上で、バークの思想、そして中島先生の議論は非常に重要になると思います。

お三方はそれぞれ政治的立場が一致しているわけではありませんが、様々な観点から物事を捉えることは、今後の日本のあり方を考えるために必要なことだと思います。

なお、掲載順は五十音順とさせていただきました。

米軍の主張を鵜呑みにしない　小野寺五典

安全保障上の一番の課題

國場　小野寺先生は防衛大臣として2度の防衛大綱改定に取り組まれました。おおむね10年先を見越して策定される防衛大綱がこれほど短期間のうちに改定されたのは、それだけ日本を取り巻く国際環境が急速に変化しているということだと思います。

そこで小野寺先生におうかがいしたいのですが、国際情勢が大きく変化する中で、沖縄の果たすべき役割はどのように変化していくでしょうか。先生のお考えをお聞かせいただければと思います。

小野寺　まず先の大戦で沖縄が地上戦の現場となり、沖縄の皆様に大変なご苦労をおかけし、そしてまた大変な被害をもたらしてしまったこと、私どもはこの歴史を深く心に刻んでおく必要があるということを申し上げたいと思います。

その上でお話ししたいのですが、いま日本が直面している安全保障上の一番の課題は中国と言われています。中国の防衛費はここ30年で50倍以上になったと言われていますし、すでに3隻目の空母艦隊も建造中です。今後も世界の中で突出して防衛費を伸ばしていくと思われます。

その中国が強く意識しているのが日本と台湾です。実際、中国は尖閣諸島で有事が起こった場合のことを想定した訓練を行っているようです。また、私が国際会議でお話しした中国代表の方は、「かつて琉球王朝は中国に朝貢していた。琉球列島は中国の影響下にあった場所だ」と言っていました。こうしたことを国際会議の場で堂々と発言することを考えると、南西諸島全体が安全保障上の脅威にさらされていると認識せざるをえません。

だからこそ私どもは防衛大綱で、奄美から南西諸島まで、いままで空白地帯だった場所に自衛隊を展開することを決めたのです。この動きは着実に進んでいます。

これは同時に防災にも役立ちます。たとえば先日、与那国で大雨被害がありました。与那国には自衛隊の駐屯地がありますので、すぐに役場に自衛隊の連絡員を送り、万が一災害が起こったときには約200名の自衛隊員が速やかに出動できる準備を整えていました。

もちろん、日本は専守防衛を基本としていますので、自衛隊の防衛装備は攻撃を防ぐことを主体としています。しかし、相手の攻撃を食い止めるには、最終的には相手への反撃が必要になります。その主たる役割を担っているのが米軍です。その意味からも、沖縄の米軍基地はきわめて重要だと考えています。

そのために沖縄の皆さんにご負担をおかけしていることは深く心に刻まなければなりませんが、安全保障の最前線は沖縄であるということ、このことはぜひ認識していただきたいと思っています。

基地の共同使用を進めていく

國場　これから20年先、30年先のことを考えても、沖縄が安全保障の最前線であるという状況は変わらないと思います。しかし、沖縄では米軍基地問題をめぐって不満の声があがっています。現在もＳＡＣＯ（沖縄に関する特別行動委員会）の合意に基づき段階的に基地返還が進められていますが、選挙で相次いで厳しい結果が出るなど、必ずしも県民の方々のご理解が得られているとは言えません。こうした中でどのように普天間基地の返還を進めていけばいいでしょうか。

小野寺　まず前提として、普天間の危険性除去のために辺野古の基地を拡張し、移設することは、国と県という行政機関の間で合意されたことです。埋め立て承認の手続きも当時の沖縄県からいただいております。これは環境アセスを含む様々な手続きを踏んだ上で行ったものだと認識しています。工事が進捗する中で様々な見直しなどの議論も出てきましたが、これらは正確に沖縄県に報告し、設計変更を行っていくことが重要だと思っています。この姿勢に変わりはありません。

もとより、これらの作業はあくまで普天間の危険性を一日でも早く除去するために行っていることです。そのためにはどうしても辺野古の海を埋め立てざるをえないのです。

私自身、海洋環境学を専門としており、水質環境が変化すると海藻類やサンゴなどの生態にどのような影響が出るかといったことを研究してきました。沖縄県漁連や沖縄県から依頼され、沖縄の水産振興の方向性などについてまとめたこともあります。それこそ辺野古の海で泳いだこともあります。

それでいてあの綺麗な海を埋め立てなければならないのだから、まさに断腸の思いです。ただ、それにもまして普天間の危険性を除去すること、こちらを選択するという判断をしました。

國場　私は県民の理解を得るためには、日米で基地を共同管理することが必要ではないかと考えています。沖縄県には32の米軍基地がありますが、そのうち31は米軍の専用施設です。自衛隊の施設の中に米軍が駐留している形であれば、日本の法律で縛ることができますが、米軍専用施設の場合はアメリカの法律のもとに置かれるため、日本側は関与することができません。これが沖縄県民の大きな不満になっていると思います。

小野寺先生は防衛大臣のときに2プラス2（外務・防衛担当閣僚による安全保障協議委員会）などで基地の共同使用を提起してくださいましたが、この点についてはどのようにお考えですか。

小野寺　日本全国の基地を見ると、たとえば青森県の三沢基地や山口県の岩国基地など、日米が共同使用している基地は地元住民との関係が比較的良好だという印象を受けます。これはなぜかと言うと、やはりそこに自衛隊員がいるからです。住民の皆さんからすると、何か問題が起こったとしても、自衛隊員に相談すれば日米の防衛当局がしっかり対応してくれるという安心感があるのだと思います。

そういう意味では、基地の共同使用は大変重要な課題です。日本としてもすでに米側と様々な議論をしています。

ただ共同使用に関しては、たとえば沖縄の米軍キャンプを自衛隊が共同使用することになると、米軍にさらに自衛隊が加わり、かえって基地負担の増加につながるのではないかという懸念の声もあります。そうした声があるのは当然だと思います。そのような懸念を払しょくしながら共同使用を進めていかなければ、地域の皆さんの不信を買ってしまいますので、そこは丁寧にやっていかなければならないと思っています。

小さな声にも耳を傾ける

國場　小野寺先生は防衛大臣のころから、基地負担の軽減だけでなく、様々な問題で沖縄に配慮してくださいました。

たとえば、2016年に沖縄県うるま市で、米軍属による女性殺害事件が起こりました。しかし、犯人は米軍に直接雇用されていたわけではないので、日米地位協定に基づく補償金の請求対象外であるとして、米側はご遺族への補償金の支払いに難色を示していました。このとき米側と何度もやり取りをし、補償の道筋をつけてくださったのが小野寺先生でした。

小野寺　あの事件はこれまでの日米の取り決めでは補償できない事案でした。そうした中、國場先生が何度も相談に来られ、私どももそれに後押しされる形で米側と協議しました。国防大臣会議でもこの問題を取り上げ、トップ同士で議論しました。その結果、米側にもしっかりと補償させ、日本も足りない部分を補うことで、十分ではないかもしれませんがご遺族の方々に対応させていただきました。

また、この事件は日米地位協定で規定されている「軍属」の範囲をチェックするきっかけにもなりました。米軍が直接雇用しているわけではないのに軍属としての地位を与えていいのか、そうした点を米側と議論し、しっかりと見直すことができたと思っています。

國場　小野寺先生は米軍の事故が起こったときにも、なぜ事故が起きたのかを日本側もチェックできる仕組みを作ってくださいました。これは沖縄県内でも非常に感謝されています。

小野寺　私が一番腹が立ったのは、普天間第二小学校に米軍の大型輸送ヘリコプターの窓が落下した事案です。米軍は小学校の上空は飛んでいないと言っていたのですが、私が現地でヘリの飛び方を見る限り、小学校の上空を飛んでいたと判断せざるをえませんでした。住民の皆さんもそう思ったはずです。

そこで、私どもは米軍の言うことを鵜呑みにするのではなく、監視員を配置することにしました。そして、もし米軍が小学校の上空を飛ぶようなことがあれば、米側に具体的な証拠を突きつけ、パイロットを処罰してもらうようにしました。

これまでは、言ってみれば米側の主張をそのまま沖縄の皆さんに伝えることが多かったと思いますが、そうした体制を見直すことができたと思います。

また、予算委員会での國場先生の提案をきっかけに、日米の整備を担当する部局が定期的にお互いの知見を情報交換する場も設置されました。米軍機の事故が起きても、自衛隊が関与することがいままでできなかった現状で、再発防止を実現する大きな前進となりました。

私どもは沖縄に安全保障面で負担をかけている以上、どんなに小さな声でも耳を傾け、実現できることを一つ一つやっていく必要がある。そのように考えています。

沖縄をアジアの物流拠点へ

國場　最後に、水産をご専門とされ、昔から沖縄と関わってこられた小野寺先生に、沖縄の魅力と今後の可能性についてお聞きできればと思います。

小野寺　沖縄は地政学的にちょうどアジアの中心となるところに位置しています。そのため、沖縄をハブにすれば、日本からアジアの主要都市への航空路線や貨物路線をさらに増強することができると思います。

これは日本全体、特に地方経済の起爆剤になります。たとえば、私は東北の三陸沿岸で生まれ育った人間ですが、これまでは地元で水揚げされた水産物はほとんど築地の市場にしか出荷できませんでした。築地での売値が高くとも安くとも、築地にしか出荷できなかっ

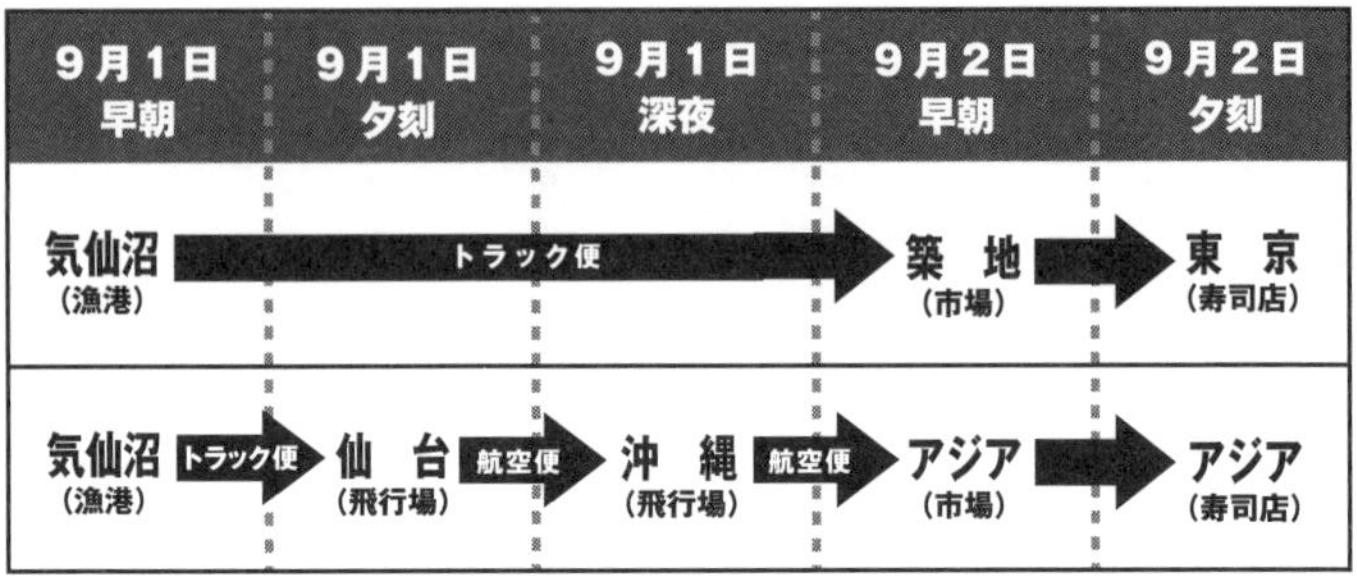

（沖縄を物流拠点とした場合の一例）

たのです。

しかし、仙台空港をはじめ東北の各空港の貨物便を増強し、水揚げされたその日のうちに沖縄の貨物便に連結できるような物流を作れば、売り先を経済成長著しいアジアの主要都市まで広げることができます。

もう少し具体的に言いますと、これまでは朝に気仙沼で揚がった魚をトラックで輸送し、翌朝の築地のセリに出していました。これに対して、朝に気仙沼でとれた魚を夕方に仙台空港から沖縄に運び、そして沖縄から深夜便で運べば、翌朝にはアジアの主要都市に到着します。築地に出した魚はその日の夕方に東京の寿司屋に並びますが、沖縄をハブとすれば、同じ時間にアジアの主要都市の寿司屋にも三陸の魚を並べることができます。そうすれば市場価値も高くなるし、三陸沿岸の漁業者の生活も潤います。

これからの沖縄の潜在的可能性を広げるには、空港や港湾といった物流拠点をさらに整備していくこと、これが重要になると思います。

沖縄の文化や言語を継承していく　佐藤優

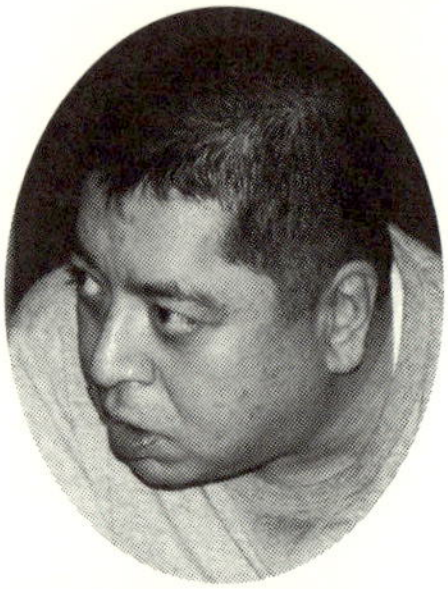

沖縄を代表する政治家

國場　平成が終わり、日本は新しい時代へと歩み出しました。私たちが無事に新たな時代を迎えることができたのは、必死になって平成を切り開いてくれた先輩政治家たちのおかげだと思います。

平成を代表する沖縄の政治家で佐藤先生とご縁の深い方は、大田昌秀と翁長雄志という二人の沖縄県知事ではないでしょうか。佐藤先生は大田知事とは『沖縄は未来をどう生きるか』（岩波書店）をはじめ、何度も対談を行っています。沖縄県ではこれらの本は広く読まれています。また、翁長知事とも対談されており、ご相談を受けることもあったのではないかと思います。

二人の知事は政治的スタンスは異なりますが、私はそれぞれ共感できるところがあり、直接ご指導もいただきました。この二人から何を学び、何を継承すべきか。佐藤先生と議論していければと思います。

佐藤　大田知事はこれからの沖縄政治において重要になるのは知力だと言っていました。バイタリティだけでは沖縄の政治はできない。歴史や法律、国際関係など、そうした学知をどうやって現実政治に結びつけていくか、このことを重視していました。

そういう点で、國場先生への期待はすごく大きかったですよ。「國場は沖縄の歴史もよく勉強しているし、良い政治家だ」と言っていました。

もう一つ國場先生への期待として述べていたのは、国政を経験していることです。大田知事は常々、「自分の唯一の失敗は、県知事と国会議員の順番が逆だったことだ。先に国会議員になり、それから県知事になればよかった」と言っていました。国政を経験しないと、国の組織がどのように動いているかがわかりません。いきなり県知事になると、どこの役所にどのように働きかければいいかがわからないのです。大田知事はそれを悔いていましたね。

國場　大田知事の前に沖縄県知事を務めた西銘順治氏がまさにそうでした。西銘氏は衆議院議員を経験したあと、沖縄県知事に選出されています。西銘知事の強さはそこにもあったと思います。

佐藤　他方、翁長知事は國場先生について、人間関係を非常に大切にする政治家だと言っていました。

２０１３年に石破茂自民党幹事長が沖縄選出の自民党議員たちを呼びつけ、辺野古を容認させるということがありました。他の国会議員たちが次々に屈していく中、國場先生だけは最後まで辺野古容認と言わずに踏みとどまった。これに関して、翁長知事は「僕は自民党を離党するという決断をしたけど、幸之助は優しくて人間関係を大切にするから、それができないんだよ」と言っていましたね。批判しているわけではなく、人間性を評価しているというニュアンスでした。

翁長知事もずっと自民党にいたから、自民党の中にいながら自民党本部の方針に反対することの大変さ、基地問題を批判することの大変さは誰よりもわかっていたと思います。だからこそ國場先生に対する期待感も大きかったのだと思います。

普遍主義と民族主義

國場　私が二人の県知事と接していて感じたのは、沖縄を思う気持ちは同じでしたが、アプローチの方法が違ったのではないかということです。

私は大田知事が亡くなる半年ほど前、二人だけでお話しする機会がありました。大田知事が泡盛を飲みながら、「壁の向こうに友をつくれ」とおっしゃっていたのが印象に残っています。

沖縄県では橋本総理や小渕総理、野中官房長官などが高く評価されています。彼らが沖縄のことを我がことととして受け止め、沖縄のことを真剣に考えてくれたのは間違いありません。

しかし、私はそれだけではないと思っています。橋本総理や小渕総理があれだけ沖縄に熱心だったのは、大田知事が日本政府に働きかけ、権力の中枢に自分のファンをつくったからです。橋本総理たちが沖縄のことを我がことととして考えていたように、大田知事もまた日本のことを我がことととして考えていた。「壁の向こうに友をつくれ」とはそういう意味だったと思います。

佐藤　その通りだと思います。

國場　それに対して、翁長知事は在任期間が短かったということもあって、日本のことを我がことととして考える姿勢が足りなかったように見えます。

佐藤　大田知事と翁長知事を比較すると、大田知事は人権や平和など普遍的な価値観に軸足を置いていました。他方、翁長知事はアイデンティティやナショナリズムに軸足を置いていた。沖縄の自己決定権の強化も模索していた。そうすると普遍的な価値観が薄れていくから、壁の向こうに友をつくることも難しくなります。

國場　そこが二人の大きな違いですね。

佐藤　そう思います。おそらく翁長知事からすれば、橋本総理や野中官房長官といったタイプの人は、沖縄に寄り添うと言いながら、最終的には金の力で沖縄を押し切る機能を果たしていたように見えたのだと思います。翁長知事は日本政府のやり方をずっと見てきたから、そのことがよくわかっていたんですよ。それだから、日本政府も「今度知事になった翁長は全く言うことを聞かない。いったいどういうやつだ」とびっくりしたと思います。

ただ、これは翁長知事からしても認識のギャップがあって、翁長知事は日米安保条約や集団的自衛権にも肯定的でした。彼は力の均衡ということをよく考えていたから、嘉手納基地の返還も要求していません。

國場　翁長知事が反対していたのは辺野古だけですからね。

佐藤　翁長知事が心配していたのは、安全保障以前の国家統合の問題です。沖縄にこれ以上無理強いをすれば、沖縄の分離・独立が生じるかもしれない。自分はそれを防ぐために辺野古に反対しているのだから、日本政府の一番の味方のはず。なぜそれがわからないのか――。これが翁長知事の思いだったと私は認識しています。

そういう意味では、翁長知事は決して独立論者でありません。むしろ日本と沖縄の統合を真剣に考えていました。翁長知事の後ろには中国がついているとか、娘さんが中国に留学しているなどといったデマが流れたけど、こういうデマを流した人たちは全く事柄の本質がわかっていない。翁長知事は日本との統合論者で、これ以上の負担を沖縄に強いてはいけないという「歩留まり論」を主張していたんですよ。このことに気づいている人は、自民党議員の中でも少ないと思います。

沖縄の基地問題に関心が集まらない理由

佐藤　それから翁長知事の特徴は、沖縄が差別されているということを全面に打ち出したことです。沖縄差別は沖縄特殊の問題だから、そうすると普遍的な価値観は薄れていきます。

翁長知事が強調していたのは、２０１３年に銀座で「オスプレイ撤回・東京要請行動」を行ったときの体験です。このとき翁長知事は路上でヘイトスピーチを浴びせられました。

しかし、翁長知事はそのこと自体を怒っていたわけではありません。ヘイトスピーチをするような連中は昔からいたけども、以前であればそれを見かけた人たちが「何をやっているんだ」と止めに入ってきた。しかし、そのときは道行く人たちがみな無関心だった。

翁長知事はそれにすごいショックを受けたと言っていました。

私はこれを「構造化された差別」と呼んでいます。日本人一人ひとりが沖縄人を差別するとんでもない悪党だという意味ではありません。日本政府や自民党議員たちだって決して悪い人たちではない。それは日常的に付き合っていればわかります。

しかし、この人たちは無意識のうちに、沖縄に米軍基地を過重負担させてもかまわないと思っている。差別が構造化されている場合、差別をしている人たちは自分が差別をしているという意識がないのです。それだから、「あなたたちは沖縄を差別している」と指摘されると、ムッとするわけです。

実際、私が沖縄について書いた本は、沖縄県以外ではほとんど売れません。沖縄以外の読者は自分が差別していると思っていないから、何か責められているように感じるんですよ。

國場　私も同じことを色んなメディアの方から言われました。私が沖縄の米軍基地問題についてお話しすると、みな関心を持ってくれます。ところが、なかなか新聞や雑誌で取り上げてもらえません。

何か問題があるのかなと思っていると、「國場さんのことを扱いたいんだけど、沖縄の基地問題は全国的に関心が低くなっているんです。それから國場さんの話を聞くと、読者は糾弾されているように感じて嫌がると思う」と言われました。

私は糾弾しているのではなく、本土の人たちと一緒に解決策を考えていきたいのですが、相手からするとそうした印象を受けるようです。

佐藤　最近はムッとして反論されることも減って、むしろ沈黙されることが増えています。この沈黙の中に差別が構造化されています。

國場　よくわかります。基地問題の議論を始めても、最終的に会話が止まってしまうという経験は何度もあります。

「沖縄のマグマ」をどう見るか

佐藤　沖縄差別を問題視していたのは翁長知事だけではありません。差別に敏感だったということで言えば、仲井眞知事も同じだったと思います。

たとえば、仲井眞知事は2010年に行われた普天間基地をめぐる県民大会で、米軍基地が沖縄に集中していることに関して「差別に近い印象すら持ちます」と述べています。このとき仲井眞知事は一人だけ違う色のかりゆしを着て壇上にあがり、基地問題を厳しく批判しました。これをきっかけに仲井眞知事はものすごい求心力を得たと思います。

2011年には、沖縄防衛局の田中聡局長が非公式の懇談で、いつ辺野古の環境影響評価書を提出するのかと問われた際、「これから犯す前に犯しますよと言いますか」と発言しました。琉球新報がこれをオフレコを破って報じました。この発言に対して、仲井眞知事は「コメントもしたくない。口が汚れるから」と吐き捨てるように言いました。

2012年に普天間基地へのオスプレイ配備が問題になったときには、「配備を強行したら、全基地即時閉鎖という動きにいかざるをえない」と強い憤りを示しています。

このように、仲井眞知事の中からは時々沖縄差別への反発が顔を見せるんですよ。

仲井眞知事は最終的に辺野古の埋め立てを容認し、退任直前に埋め立てに関する工法変更を承認しました。この承認がなければ、埋め立てに着手することはできなかったと思います。その意味で、この決断は非常に残念でした。

しかし、「仲井眞知事は最初から日本政府に迎合していた」とか「自民党の政治家は最後は必ず裏切るんだ」といった批判は的外れです。仲井眞知事が沖縄のことを真剣に考え、彼なりに沖縄にとってベストと思う選択をしてきたことは間違いありません。しかし、最後の段階で中央政府の圧力に屈してしまった。

國場　仲井眞知事は翁長知事のことを厳しく批判していましたが、考え方は近かったと思います。仲井眞知事は外交・安全保障が国の専権事項だという議論に対して、すごく抵抗していました。「沖縄こそ外交・安全保障の最前線なのだから、沖縄を抜きにして国が勝手に決めるなんてとんでもない」と言っていました。これは翁長知事と一緒です。
　また、翁長知事の逝去にともなって行われた沖縄県知事選挙で、自民党は大敗したわけですが、仲井眞知事はこのときの自民党の戦い方に非常に批判的でした。自民党は候補者応援のために本土から多くの方々に来ていただいたのですが、仲井眞知事は「東京の人間にマイクを持たせたら、逆に票が逃げるだろう」と言っていました。そしてふと思い出したように、「翁長さんは東京の政治家にマイクを持たせるようなことは絶対にやらなかったな」とおっしゃったのが印象に残っています。

佐藤　仲井眞知事はある意味で悲劇的な人だったのだと思います。翁長知事がよく言っていましたが、仲井眞知事は苦しくなると誰にも相談せず、一人でずっと落語を聞くのだそうです。非常に複雑な内面を持った人だというのが、翁長知事の見方でした。

國場　確かによく落語を聞いていますね。

佐藤　仲井眞知事と翁長知事の決定的な差は、沖縄の怒りをどう認識しているかという点です。翁長知事が「このままでは沖縄のマグマが爆発しますよ」と言うと、仲井眞知事は「ほお。そういったものがありますかね」と応じたそうです。そのとき翁長知事は、仲井眞知事はいざというときに大きな力の前で潰されてしまうのではないかと思ったと言っていました。しかし、人として悪い印象は持っていませんでした。現状認識に違いがあっただけです。

誰が沖縄を利用しているのか

佐藤　私自身は辺野古の新基地建設には一貫して反対の立場です。現実に辺野古に基地を作ることもできないと思っています。

こう言うと、「それではお前はなぜ安倍政権の北方領土交渉を支持しているのか」と批判されることがありますが、それはおかしい。辺野古の一点だけ取り上げ、それを撤回しない限り他にどんな良いことをしても評価しないというのでは、物事は動きません。沖縄の現場を見ても、辺野古で対立している人たちもお互いに協力できるところは協力しています。そうしなければ沖縄が停滞してしまうからです。

たとえば、沖縄の島尻安伊子元議員は辺野古を容認していますが、その一方で子どもの貧困を解決するため、地元を小まめに回っています。彼女が子どもの貧困問題に一生懸命取り組んでいることは評価すべきです。私は辺野古に新基地を作ることには反対です。しかし、辺野古を容認している政治家の活動については、それぞれのテーマに即して是々非々で見ていくべきだと思っています。

國場　島尻氏は沖縄北方担当大臣のころから、子どもの貧困や虐待の問題に強い関心を持っていました。沖縄には不登校の子どもたちの居場所づくりを支援する「kukulu（くくる）」という団体があります。私も島尻氏と一緒に視察させていただきましたが、島尻氏は就学支援や就労支援などについて熱心に話を聞き、問題解決に向けた取り組みをしていました。

佐藤　日本の野党議員や野党支持者たちは島尻氏を批判していますが、それでは彼らは島尻氏を批判できるくらい貧困問題に取り組んでいるのかということです。

そもそも辺野古の工事が着工されたことに関して、日本の野党は安倍政権を批判する資格があるでしょうか。私はこの問題は民主党政権に大きな責任があると思っています。

確かに日米が辺野古埋め立てに合意したのは自民党政権のときです。しかし、自民党政権は国内手続きを行わなかったため、基地建設が進むことはありませんでした。

実際に国内手続きが始まったのは、２０１０年の鳩山政権のときからです。鳩山政権は一度は県外移設を模索しましたが、最終的に県内移設に戻り、辺野古沖に基地を作る閣議決定をしました。そして２０１１年、菅政権が辺野古の工法をＶ字型に決定したことで、基地建設の歯車が現実に回り出したのです。

このときの官房長官は枝野幸男氏です。いま枝野氏は辺野古の新基地建設を批判しているけども、それでは自分はあのとき何をやっていたのか。この点は厳しく問われなければなりません。

それから、野党支持者の中には、安倍政権を打倒するための拠点として沖縄を位置づけている人がいますが、これもきわめて差別的です。自分の目的に沖縄を利用するという点では、国防のために沖縄を利用している人たちも、安倍政権打倒のために沖縄を利用している人たちも、私は一緒だと思います。

琉球語の継承

國場　日本はあと26年で戦後100年を迎えます。私はこの時点を見据え、沖縄県の力を強くしていきたいと思っています。

その際に重要になるものの一つが教育です。全国学力テストの結果を見ると、沖縄県は年々全国平均に近づいているものの、相変わらず都道府県別では最下位です。こうした状況を打破していかなければなりません。

佐藤先生は名護市にある名桜大学で教鞭をとっているとお聞きしましたが、どのような授業をされているのですか。

佐藤　名桜大学では集中講義という形で沖縄アイデンティティ論を教えています。もともと名桜大学は私立大学だったのですが、数年前に定員割れを起こして危機的状況に陥りました。しかし公立化したあと、偏差値があがっていき、いまでは琉球大学にほぼ追いついていきます。

名桜大学では入学と同時に数学と英語の試験があり、知識に欠損箇所があればチューターが指導してくれる仕組みになっています。また、ライティングセンターという学習支援組織が学生のレポートをチェックし、学術的文章の訓練をしてくれます。こうした取り組みを続けていった結果、学生の学力が向上してきたんですよ。

名桜大学は文化事業にも力を入れています。名桜大学は12年かけて「琉球文学大系」全35巻を発刊することを計画しています。編集刊行委員長はおもろそうし研究家の波照間永吉先生です。琉球語をネイティブとしてわかる人が少なくなっていく中で、いまのうちに琉球語をきちんとした形で残し、沖縄アイデンティティを根っこのところで確立することが目的です。

國場　以前、沖縄芝居役者の高安六郎氏から「文化とは土着の言葉そのものだ」とうかがったことがあります。言葉には先祖や土着の歴史を結びつける力があると思います。私はウチナーグチがわからず、根無し草のような思いにとらわれることがありますが、これはやはり沖縄選出の国会議員として問題です。きちんと勉強しないといけないなと思っています。

佐藤　私はいま、大田知事と対談した『沖縄は未来をどう生きるか』を琉球語に訳しています。私一人の力ではとても無理なので、法政大学で沖縄文化研究所所長をやっていた屋嘉宗彦先生に協力していただいています。こうした硬めの文章を琉球語にしたものは少ないので、どうやって訳していこうかと試行錯誤しているところです。

同じような試みは過去にもありました。たとえば、イスラエルではヘブライ語が公用語になっていますが、以前はほとんど誰も喋れませんでした。イスラエルが独立したあと、古代の宗教語をベースにもう一度作り直したのです。言語学者たちはそんなことは不可能だと言っていたのですが、ユダヤ人はそれを実現しました。

その先例はチェコにあります。19世紀後半のチェコでは、農村部など一部をのぞき、チェコ語はほとんど使用されていませんでした。これに危機感を抱いたプラハのインテリたちが、農村部を回ってチェコ語を拾い集め、辞書や文例集を作り、チェコ語を復活させたのです。

翁長知事も辺野古の問題を早く片づけ、琉球語の正書法を定めるなど、言葉の問題をやりたがっていました。だけど、基地問題にエネルギーのほとんどを持っていかれ、肝心の言語の問題まで入っていけないんだと嘆いていましたね。

國場　沖縄の文化や精神を後世に伝えるためには、琉球語を継承していくことが不可欠です。琉球語の復活は、日本社会の多様性を蘇らせることにもつながります。私も国会議員として、できることに取り組んでいきたいと思います。

いま宏池会が果たすべき役割とは　中島岳志

保守の本質は寛容性

國場　私は昔から中島先生のご著書を拝読し、勉強させていただいております。中島先生の議論はどれも説得力があり、特に中島先生の「死者とともに生きる」、「死者の立憲主義」といったキーワードは、すとんと腹に落ちました。沖縄では毎日、新聞に死亡広告が大きく掲載されるので、「死」が身近に感じられます。そのため、沖縄の人間には中島先生の議論がしっくりくるのだと思います。

さて、本日はまず中島先生のご専門である「保守とは何か」という問題についてお尋ねできればと思います。私は自民党で保守本流と呼ばれる宏池会に属しており、特に宏池会出身の大平正芳総理を尊敬しています。中島先生は現在の宏池会に厳しいご意見をお持ちかもしれませんが、ぜひ中島先生のお知恵をお借りし、宏池会を活性化させていきたいと思っております。

中島　私は國場さんのご著書『われ、沖縄の架け橋たらん』（ケイアンドケイプレス）を拝読し、共鳴する部分がたくさんありました。國場さんはこの中で、保守の本質は寛容性であると書かれています。これは私の保守論の核心でもあります。

近代の保守思想はイギリスの政治家であるエドマンド・バークを一つの骨子とします。バークは同時代に起こったフランス革命を厳しく批判しました。

フランス革命を主導した人々は、理性は無謬であると考え、人間の理性によってパーフェクトな世の中を作ることができると信じていました。しかし、実際には理性は無謬ではなく、誤謬を含んでいます。どんなに優れた人でも間違いを犯し、誤認します。世界全体を完全に把握することはできません。人間が完成された世の中を作ることなど不可能です。

理性に依拠できないとすれば、我々は何を根拠とすればいいのか。一義的には、歴史の風雪に耐えてきた慣習や伝統です。

とはいえ、すべてを伝統に委ねればいいわけではありません。世の中は時代とともに変化します。我々もまた、その変化に応じて少しずつ変わっていかねばなりません。

つまり、伝統を大切にしつつ、グラジュアルな改革を進めていく。これがバークの保守論です。

このように、バークは人間の理性に対して懐疑的な眼差しを持っていました。この眼差しは他者だけでなく、自分自身にも向けられます。自分もまた間違えやすい人間であるとするならば、自分と異なる意見を持った他者の話にも耳を傾けてみようということになる。そして、他者の話に理があるとすれば、そこで合意形成をする。自己に対する懐疑の念が他者への寛容につながるのです。

これがリベラルという概念です。つまり、保守とはリベラルなのです。

國場さんがご著書で名前をあげている野中広務さんや梶山静六さんなどは、まさに保守的な政治家だったと思います。だからこそ彼らは沖縄の声にも耳を傾けてきたのだと思います。

しかし、現在の自民党は議会で強行採決を繰り返すなど、他者への寛容性が失われています。それが私が保守の観点から危惧しているところです。

沖縄からこそ日本の伝統が見えてくる

國場　私もエドマンド・バークにはずっと関心を持っていました。バークは英国議会で保守政治家として活動していましたが、もともと生まれはアイルランドです。イングランドとアイルランドの間には複雑な歴史があるので、バークは様々な葛藤を抱えつつ政治に取り組んでいたと思います。

私も沖縄で保守政治家として活動する中で、いつも葛藤に直面しています。たとえば、戦後の日本では吉田茂総理の進めたいわゆる吉田ドクトリンが高く評価されています。しかし、私はこれには違和感を覚えています。

吉田ドクトリンとは簡単に言えば、日米同盟を基軸とした軽武装、経済重視政策のことです。確かに吉田ドクトリンによって日本は戦後復興を遂げることができました。しかしこの間、沖縄は米軍の統治下に置かれていたため、経済復興の恩恵を受けていません。また、１９５０年代から本土では米軍基地反対運動が高まり、その結果、本土の米軍基地が次々に沖縄に移設されていきました。

吉田ドクトリンを評価する議論からは、こうした視点が捨象されています。吉田ドクトリンの評価一つとっても、沖縄と本土の間には認識の齟齬《そご》があるのです。

中島　いま國場さんのお話を聞いて「なるほど」と思ったのですが、バークはアイルランド人で、しかも一貫して野党政治家でした。バーク論として重要な点は、何故にバークはアイルランド人というマイノリティでありながら、イギリスの中で保守を叫んだのか、ということです。

ここで注目すべきは、「保守の再帰性」という問題です。これは「保守とは何か」ということを客体化した上で主体的に選択するということです。

たとえば、小林秀雄は伝統について、伝統の中にいる人間には伝統は見えない、伝統を失ったときに初めてそれを獲得しようとする意思があらわれる、と言っています。つまり、伝統の崩壊を強く感じている人間にこそ、伝統とは何かがわかるということです。

そこから考えると、バークはアイルランド人であるが故にイギリスの伝統に敏感だったと言えます。彼はマイノリティだったからこそ、イギリスを客体化することができたのです。それ故にイギリスの伝統が失われていくという危機意識を早くから持ちえたのだと思います。

これは國場さんのお立場とも関係すると思います。沖縄選出の国会議員である國場さんだからこそ、日本の歴史や伝統に対する客観的な眼差しを持つことができ、そしてそれが失われようとしていることを敏感に感じ取ることができる。國場さんはおそらく無意識のうちに、こうした姿勢を持っておられるのだと思います。

「ちむぐくる」の喪失

中島　私が現在の沖縄に関して危惧しているのは、ナショナリズムの問題です。ナショナリズムの重要な古典として、ベネディクト・アンダーソンの『想像の共同体』（書籍工房早山）という著作があります。彼はそこで、ネイション（国民）は主権的なものとして想像されると言っています。

アンダーソンが注目しているのは19世紀のインドネシアの事例です。当時インドネシアはオランダに植民地統治されていました。オランダは現地の人々を官僚として採用し、植民地統治に利用していました。

しかし、彼らは官僚として採用されるくらいですから、非常に優秀な人たちです。オランダ政府が本国では国民に主権を認めているにもかかわらず、自分たちには何の主権も与えていないことに気づきます。

そこで、「俺たちにも主権をよこせ」という声があがるようになりました。この「俺たち」という概念がインドネシアネイションの起源です。これにより、それまで言葉も通じなかった島々の人たちの間に連帯感が生まれ、一つのインドネシアという枠組みが成立したのです。

同じことが沖縄でも起こる可能性があります。沖縄は過剰な基地負担を押しつけられていますが、中央の政治家たちは沖縄の声に耳を傾けようとしません。沖縄は自分たちの郷土のあり方を自分たちで決定することができないのです。

とすれば、沖縄から「俺たちは主権を奪われているのではないか」という声があがったとしてもおかしくありません。現在の沖縄が琉球王国との連続性を意識するようになれば、琉球ナショナリズムが生まれ、さらには日本からの独立という問題も出てきかねません。

橋本龍太郎総理や小渕恵三総理はこうした問題がよくわかっていたのだと思います。だからこそ彼らはあれほど熱心に沖縄の基地問題に取り組んでいたのでしょう。

國場 おっしゃる通りだと思います。沖縄の人間が大好きな言葉の一つに、「ちむぐくる（肝心）」というものがあります。「あの人にはちむぐくるがある」という言い方をします。人の痛みを我がこととして受け止めるといった意味合いです。

橋本総理や小渕総理には「ちむぐくる」があったと思います。彼らは沖縄のことを我がこととして考えてくれたと思います。

これは「沖縄に寄り添う」という姿勢とは異なります。沖縄を我がこととして考えるということは、沖縄と一体になるということです。これに対して、「沖縄に寄り添う」という態度では、主体と客体といったように、沖縄と本土が分裂してしまいます。実際、「寄り添う」という言葉に違和感を覚えている沖縄県民は少なくありません。

ただ、沖縄側にも課題はあります。橋本総理や小渕総理は沖縄と本土の一体感を保つために全力を尽くしてくれましたが、これは当時の大田昌秀沖縄県知事が、日本政府が沖縄に関心を持つように熱心に働きかけたからです。橋本総理たちが沖縄に対して「ちむぐくる」を持っていたように、沖縄もまた政府に対して「ちむぐくる」を持っていたのです。しかし、最近の沖縄は何か糾弾者のような振る舞いを続けており、大田県政時代のような「ちむぐくる」は感じられません。これは沖縄のためにも良くないことだと思います。

上皇陛下とガンディー

國場　私が最も「ちむぐくる」を体現している人物と思っているのは、上皇陛下です。上皇陛下は皇太子時代から何度も沖縄を訪問されています。１９７５年にひめゆりの塔を訪問されたときには、過激派から火炎瓶を投げつけられました。しかし、その後も予定を一切キャンセルされず、すべてのスケジュールをこなされました。

また、上皇陛下は何度も琉歌をお詠みになっています。沖縄には天皇の戦争責任を追及する声もありますが、上皇陛下はそのことをご理解された上で、沖縄のことを我がこととして考えてくださっているのだと思います。

その思いは沖縄にもしっかりと届いています。平成の最後に行われた県民調査では、天皇陛下（現・上皇陛下）に好感を持っていると答えた割合が９割近くに上りました。

中島　人の気持ちや心を動かすのは、言葉ではなく、むしろ言葉を超えたところにあるものです。上皇陛下の場合もそうだと思います。何か大上段から物を語るのではなく、時間をかけてじっくりと琉歌を作る。あるいは、何度も沖縄を訪れ、炎天下の中でじっと祈る。そのような姿や態度が、沖縄との距離を縮めてきたのだと思います。

國場　私は上皇陛下の姿にはガンディーに通じるものがあるのではないかと思っています。中島先生はガンディーの専門家でもありますが、この点についてどのようにお考えですか。

中島　ガンディーのとった手法は、私の最大の政治学的な問いの一つです。つまり、何故にガンディーが断食したことで平和が訪れたのか、という問題です。

どの平和学の教科書を見ても、ご飯を食べなければ平和になるとは書かれていません。しかし、彼はヒンドゥー教徒とイスラーム教徒の抗争を、断食によって食い止めました。抗争に参加している人たちの間に、「このままでは自分がガンディーを殺す主体になってしまう」という想像力が広まったとき、人々は争いをやめたのです。

ガンディーはひたすら歩いたり、祈るなど、いわば自らの行を見せることによって、人間の中にある霊性のようなものに訴えかけようとしました。踏み込んで言うならば、上皇陛下も自らの振る舞いを通して、人々の普遍的な宗教心に訴えかけようとしてきたのだと思います。そして、それは確かに人々の心を揺さぶりました。だからこそ、上皇陛下が被災地を訪れると、被災者たちも落ち着いた気持ちになったのだと思います。

デモクラシーとは何か

中島　ただ、私は政治家もそういう存在であるべきだと思っているんです。私は野中広務さんを尊敬しているのですが、あるとき細野豪志さんからこういう話を聞きました。「自分がハンセン病の会合に出席したとき、野中さんも来ていた。他の政治家たちがちょっと顔を出しただけですぐ別の会合に移っていく中、野中さんは最後までずっと座っていた。その姿を見て、この人が何のために政治家をやっているのかがわかった」と。野中さんもまた自らの姿や態度を通じて、人々の心に訴えかけていたのだと思います。

國場　野中先生はご自身が自治大臣のときに起こった阪神淡路大震災の慰霊祭には必ず出席されていました。「俺は一度関わったことは死ぬまで続けるんだ」とおっしゃっていましたね。また、政治家をやめたあとも、京都で事務所を開いていたようです。「自分を必要としてくれる人が一人でもいる限り、ずっと事務所を開く」とおっしゃっていました。その生き様からは多くのことを学ばせていただきました。

中島　国民にもその思いは必ず伝わります。私は政治学者の吉野作造が好きなのですが、彼は大正デモクラシー期にいわゆる普通選挙運動の先頭に立ちました。それに対して、「農民や漁民のような文字を読めない人たちに正しい政策の判断ができるのか」といった批判が起こります。

それに対する吉野の答えが実に見事なのです。吉野はこう言ったのです。「確かに彼らには政策はわからないかもしれない。しかし、1分でいい。候補者たちが辻立ちしている姿を見れば、その候補者がどういう人間なのか判断できる。それがデモクラシーというものだ。」

國場　見事ですね。

中島　しばしば小賢しい政治学者などが、政治家は盆踊りに行く暇があれば政策の勉強をしろと言いますよね。私は逆だと思います。盆踊りに行けば、それを見かけた有権者たちが政治家の人間判断をします。あるいは、政治家が駅で演説していても誰も聞かないと言われるけど、それでも2、3秒くらいは見ます。その間に、運動員に偉そうな態度をとっていないかとか、人間判断をするのです。

私が小学校のころ、選挙の日に曾祖母が投票に出かけました。私もちょうど政治に関心を持ち始めていたので、「誰に投票したの」と尋ねると、曾祖母は「男前！」と言ったのです。

私は直観的に、曾祖母の言っていることは正しいと思いました。これはイケメンという意味ではありません。曾祖母は「この人なら任せても大丈夫だ」と思った人を、男前と表現したのです。

國場　素晴らしいお話です。人間は感性の存在ですから、理性だけでなく感覚でも物事を判断します。その判断が大きく間違えることはないと思います。仮に一度くらい間違えたとしても、二度、三度と続けて間違えることはありません。そこが民主主義のすごさだと思います。

いまこそアジア主義を見直す

中島　私からも國場さんにうかがいたいことがあるのですが、それは今後の安全保障体制のあり方です。この20年の間にアメリカのプレゼンスはどんどん低下しており、中東からも撤退しつつあります。現在のところ環太平洋には軍事力を残していますが、これもいつまで続くかわかりません。そうした中で沖縄をどう位置づけるか。國場さんはどのようにお考えですか。

國場　とても大事であり、また難しいご質問だと思いますが、私は一つには沖縄の基地を日米で共同管理すべきだと考えています。沖縄には32の基地があるのですが、そのうちの31は米軍の専用施設です。ヨーロッパのようにNATO軍の基地の中に米軍が駐留している場合は、ヨーロッパ各国の法律で縛ることができます。しかし、沖縄のように米軍の専用施設だと、アメリカの法律のもとに置かれるため、日本側は手出しできないのです。

私はこの問題を国会で取り上げたり、米軍関係者とも議論していますが、まずは基地の共同使用を進め、ひいては日本政府が米軍を管理すべきだと考えています。それによって沖縄県民の懸念を払しょくしつつ、抑止力を維持していくことができるのではないかと思っています。

中島　私が参考にすべきだと思っているのは、EU（欧州連合）です。最近のEUは移民問題やイギリスの離脱などで評判が悪く、「EUは終わった」と言われています。しかし、私はそうは思いません。もちろんEUが当初目指していた連邦国家になることはありませんが、今後も何らかの形で残ると思います。

というのも、EU参加国の多くは中小国であるため、EUなしの外交は考えられないからです。たとえば、ノルウェーにとってはアメリカとの木材交渉がとても重要な案件ですが、アメリカとバイで交渉すると押し込まれます。しかし、EUを通して交渉すれば、アメリカと対等にやり合うことができます。

また、現在のヨーロッパではEUなくして平和は成り立ちません。ヨーロッパは第一次世界大戦や第二次世界大戦など、多くの戦争を経験してきました。しかし、戦後70年以上にわたって大きな戦争は起こっていません。

それは一つには、ヨーロッパがこの間、国益を刷り合わせるために数え切れないほどの議論を行ってきたからです。その結果、各国の間に信頼関係が生まれたのです。

これは私の尊敬する高坂正堯先生が『古典外交の成熟と崩壊』（中央公論新社）の中で主張していることです。この著書は19世紀初頭のウィーン会議について論じたものです。高坂先生はそこで、ウィーン会議がその後のヨーロッパに平和をもたらしたと言っています。

ウィーン会議は「会議は踊る、されど決せず」と揶揄されましたが、ここに集まった外交官たちは、会議の合間に文学談議に花を咲かせたり、それこそ社交パーティーで実際にダンスもしていたそうです。それによってお互いの信頼関係が醸成されていきました。これこそが古典外交だというのが高坂理論です。

もう一つは、ヨーロッパが１０００年もの長きにわたって「ヨーロッパとは何か」という議論を続けてきたことです。この営みが「ヨーロッパ」というものの自明性をもたらしました。これがヨーロッパの強みです。

私はこれをアジアに応用すべきだと思っています。具体的な人間関係を形成することは、私たちの努力次第ですぐにできます。それを通して、集団安全保障の枠組みも含め、議論を行っていくべきです。

より重要なことは、「アジアとは何か」という哲学的な問いかけを行うことです。戦前の日本では、大川周明や岡倉天心、中野正剛などのアジア主義者たちが、このような議論を行っていました。ところが戦争に敗れたことで、アジア主義はまるで諸悪の根源であるかのように批判されるようになりました。

しかし、アメリカが衰退するいまこそアジア主義を見直すべきです。それによって向こう100年、200年にわたる日本の安定を確立することができるのではないかと思います。

宏池会の役割

中島 実はこうした試みを最も得意としていたのが宏池会です。宏池会は大きな構想と歴史的射程を持って現実を切り開いていく人たちの集まりでした。

たとえば、大平総理はさすがだと思いますが、彼は1970年代に環太平洋構想を掲げました。これはアメリカとの関係を維持しつつ、中国をどのようにソフトランディングさせていくかという、まさに現在を先取りするような構想でした。

また、同じく宏池会の宮沢喜一総理もアジアとの連帯構想を持っており、総理に就任してから最初に訪れた国は韓国でした。

その一方で、宏池会には泥臭さが欠けています。だからこそ大平総理は田中角栄を必要としたのだと思います。

これは田中角栄を利用したということではありません。大平総理は心底、角栄を尊敬していたと思います。自分とは違う叩き上げの人間が、これだけ多くの国民から支持されている。それに対する驚愕と敬意があったのだと思います。

角栄もまた大平総理の中に自分にはない理知的なものを見出し、敬意を持っていました。このような二人がお互いに認め合って手を組むことができるのが、自民党の強さだと思います。

國場　おっしゃる通りです。大平総理は政治理念を大切にし、田中総理は現実政治を大切にしました。両方とも必要なものだと思います。
宏池会が泥臭さを身につけていくことは今後の重要な課題です。しかし同時に、宏池会は宏池会らしく大きな構想を描き、宏池会に欠けている部分は素直に他の政策集団の仲間たちの協力をあおぐことも必要ではないかと思っています。

中島先生のお話をうかがい、宏池会の役割を再確認いたしました。中島先生のアドバイスを参考にさせていただき、宏池会を強くしていきたいと思います。

第四部　特別インタビュー

なぜ自民党は沖縄の小選挙区で全敗したのか

（『月刊日本』２０１５年２月号）

辺野古をめぐる世論の変化

――今回（２０１４年）の衆議院選挙では全国的に自民党が大勝する中、沖縄の小選挙区では自民党が全敗しました。沖縄一区から自民党候補として出馬した國場さんとしては、今回の選挙についてどのように感じましたか。

國場　非常に辛い選挙でした。沖縄は１９７０年から国政選挙に参加していますが、自民党が小選挙区で全敗したのは２００９年の選挙以来、二度目です。アベノミクスの効果を地方の隅々にまで行き渡らせると訴えても、その声はほとんど通りませんでした。

敗因について私なりに考えると、やはり普天間基地問題に対する沖縄県の自民党代議士の立ち位置が受け入れられなかったということだと思います。選挙中に一番言われたのが、２０１３年11月25日に私を含む沖縄選出の国会議員が当時の石破幹事長とともに辺野古受け入れを表明した記者会見のことです。

私自身は幹事長とのギリギリの交渉の中で、最後まで県外移設を取り下げず、「固定化阻止のためのあらゆる解決策を追求する」という内容で合意し、「普天間基地の5年以内の運用停止」といったその後の負担軽減の流れを作ったという自負を持っていますが、「國場は自民党本部の圧力に屈した」、「沖縄の魂を売った」と多くの方々から激しい批判をいまも受けています。

もう一つよく言われたのが、仲井眞前沖縄県知事が政府の提示した沖縄振興予算に対して「いい正月になる」と述べ、辺野古移設に向けた政府の埋め立て申請を承認したことについてです。これまでの県知事はたとえ基地の県内移設を受け入れたとしても、「名護市民のことを考えると胸が痛むが、苦渋の決断である」といったコメントを出してきました。今回そのような対応が見られなかったことに対して、県民の方々は強い不満を抱いていました。

もとより、私は今回の敗北は普天間基地問題だけが原因ではないと思っています。その他にも沖縄と本土の間の溝が深くなってしまうような問題はありました。普天間基地問題は一つの象徴的な問題であって、根はもっと深いと思います。

たとえば、2013年4月28日に行われた政府主催による主権回復記念式典は当初、「完全なる主権回復」を記念するものだとされていました。確かに日本は1952年4月28日に独立を果たしましたが、沖縄はこのとき、祖国から切り離され、アメリカの施政権下に置かれました。沖縄県民にとっては、非常にデリケートな歴史的状況です。沖縄を日本だと考えているのであれば、この日に「完全なる主権回復」が実現したと言うことはできないはずです。

また、操業ルールを合意することなく締結された日台漁業協定によって、沖縄の漁場は大きく制限されることになりました。急増する違法珊瑚船の原因にもなっている日中漁業協定についても、沖縄の漁業関係者や県民の間で不安や不満が高まっています。

こうした問題が積み重なっていった結果、沖縄と本土の心理的距離が開いてしまったのだと思います。

もっとも、今回の選挙結果を受け、辺野古移設に関する世論は変化しているようです。第三次安倍内閣発足にあたり読売新聞が行った世論調査では、辺野古移設について「評価する」と答えた人が43％だったのに対して、「評価しない」と答えた人は40％という結果が出ていました。小選挙区で自民党が全敗したことが世論に衝撃を与えたのだと思います。

米軍基地問題は与党にしか解決できない

――自民党は沖縄の小選挙区では全敗しましたが、比例で全員復活当選を果たしました。

國場　もちろん小選挙区での当選が一番民意を反映していると思います。しかし、「小選挙区で負けた人間が偉そうなことを言うな」と言われるかもしれませんが、比例もまた民意だと思います。私が立候補した沖縄一区について言えば、共産党の赤嶺議員的な民意もあれば、維新の下地議員的な民意もあり、そしてまた自公の國場的な民意もあるということです。沖縄はそれほど複雑で百家争鳴的な、混沌とした状況にあるのだと思います。

――率直なところ、自民党を離党して県外移設を訴えた方が、選挙は楽に戦えたのではないですか。

國場　選挙だけを考えればそうかもしれません。しかし、普天間基地問題を現実に解決するためには、与党という意志決定の場に身を置く必要があります。オスプレイを一機県外に移すにしても、自民党内で汗をかき、与党と政権が本気で地元やアメリカと交渉しなければ実現できません。野党や無所属であれば明確な意見表明をすることはできますが、物事を動かす力にはなりえません。

また、基地問題を解決するには、本土の国会議員の中に沖縄の声に共感してくれる仲間をつくることが重要になります。そのためにはどうしても自民党の国会議員である必要があるのです。
これはなかなか理解してもらえない理屈かもしれません。実際、「優柔不断だ」、「もっとはっきりしろ」といった批判の声をいただきます。私自身、2012年に初当選してからの2年間、沖縄で自民党の国会議員であることの難しさを感じなかった日はありません。しかし、故郷の心を重んじ、公正で寛容な日本国の姿を実現していくというスタンスは、保守政治家でなければ持ちえないものだと確信しています。

沖縄と本土の信頼関係を取り戻す

――中谷元防衛大臣は会見で、辺野古移設が一番早い唯一の道という見解を示しましたが、中谷氏は以前、普天間基地は分散しようと思えば九州にでも分散できると述べていました。

國場　それは中谷大臣が失言したということではないと思います。民主党政権時代の森本敏防衛大臣も同じような発言をしていました。

しばしば「沖縄には地理的優位性があるので米軍基地を置く必要がある」と言われることがありますが、それはかつての話であって、中国のミサイル能力が向上し、無人機や空中給油機、オスプレイなどが登場した現在の議論ではありません。また、海兵隊の移動手段である強襲揚陸艦は長崎県の佐世保港にしかないため、海兵隊は九州一体でなければ機能しない仕組みになっています。

こうした点を踏まえれば、沖縄に海兵隊の普天間基地が存在しなければならないのは、軍事的な理由というよりもむしろ政治的な側面が強いことは明らかです。そうである以上、政治の力により、全国で安全保障を担う形にすることこそ、あるべき国の姿です。

――今後、沖縄選出の自民党議員として、普天間基地問題にどのように対処していきますか。

國場　私は普天間基地の機能を全国民が等しく負担する形をさらに目指します。普天間基地の固定化は決してあってはならないことです。仲井眞前知事と政府の間で合意された「普天間基地の5年以内の運用停止」が一つのポイントになると思います。

何よりも重要なのは、沖縄と本土の信頼関係を回復することです。いま中央政府は沖縄を「理解しがたい重い存在」だと捉えている気がします。いくら沖縄振興予算を積み上げても、県民との相互理解が深まらず、何を考えているのかよくわからないというのが本音でしょう。

他方、昨年の沖縄県内の選挙結果からも明らかなように、県民も本土に対して複雑な思いを持っています。普天間基地は沖縄の民意や尊厳、自己決定権を抑圧する象徴になっています。

私は今回の選挙で改めて痛感しましたが、沖縄には権力に屈することを許さない県民性があります。特に普天間問題の解決は、単なる基地の整理縮小という文脈ではなく、沖縄県民の尊厳に関わる問題にまで拡大しているため、慎重かつ丁寧な対応が不可欠です。

私は沖縄と本土をつなぐ「架け橋」になりたいと考えています。架け橋とは沖縄に政府の方針をただ伝達するということではなく、沖縄と本土が信頼関係を回復し、お互いの立場を理解できるように働きかけていくということです。

双方の主張に耳を傾け、お互いの立場を尊重し、あるべき国の姿を共有することで初めて基地問題は解決に向かいます。沖縄と本土の間に横たわる溝に橋を架け、日本としての一体感を取り戻すべく、全力を尽くします。

法廷闘争はギリギリまで避けるべきだった

（『月刊日本』２０１６年１月号）

政治の敗北

――２０１５年11月17日、政府は翁長雄志沖縄県知事の辺野古埋め立て承認取り消しは違法だとして、福岡高裁那覇支部に提訴しました。これにより国と沖縄県が普天間基地問題をめぐって法廷で争う事態となりました。

國場　今回の問題が法廷闘争のステージに移ってしまったことは、政治の敗北だと思っています。私は、政治の役割とは様々な思いや気持ちをすくい上げ、それを実現すべく対話を重ねていくことだと考えています。しかし、法律に則って工事が進められていくとなれば、沖縄県と国がいくら対話をしても意味がないということになってしまいかねません。そうなれば、沖縄県と国の対立はさらに深まってしまう恐れがあります。

もちろん日本は法治国家ですから、双方の主張がどうしても衝突するような場合には、司法の場に委ねなければならないこともあるでしょう。しかし、そのような事態はギリギリまで避け、対話を継続していくべきです。私は自民党の国防部会や沖縄の地元紙でもそのように訴えてきました。

もう一つ私が繰り返し訴えてきたのは、普天間基地問題について議論する際には、そもそも論として、在日米軍基地のあり方についても一緒に議論する必要があるということです。

たとえば、沖縄復帰直前と２０１５年3月31日時点における在日米軍専用施設・区域の面積を比較すると、本土は約63％減っていますが、沖縄は約36％しか減っていません。沖縄は何も自分たちだけ基地を減らしてほしいと言っているのではありません。本土と同じくらい負担を軽減してほしいと言っているだけなのです。

抑止力を維持するために基地を置く必要があるというなら、米軍専用施設を自衛隊専用施設に転換し、それを米軍が共同利用するという方法も考えるべきです。

たとえば、北海道には米軍基地が18ヶ所ありますが、そのうち米軍専用基地は1ヶ所だけで、残りはすべて自衛隊が管理しています。海外を見ても、アメリカが軍事同盟を結んでいるイギリスやオーストラリアでは、イギリス軍やオーストラリア軍の軍事施設の中に米軍が駐留するという形をとっています。

ところが沖縄の場合は、32ヶ所ある米軍施設・区域のうち、自衛隊が管理しているのはわずか1ヶ所だけです。本土や海外では当たり前のように行われていることが、沖縄では行われていないのです。

「辺野古移設」は実行可能か

――11月4日付のニューヨークタイムズは、日米両政府は沖縄の意思を否定していると して、辺野古問題への対応を批判する社説を掲載しました。アメリカの姿勢も変わりつつあるように感じます。

國場　私は10月19日からアメリカを訪問し、ペンタゴンや国務省、アメリカ議会、シンクタンクの方々などと意見交換をしてきました。ワシントンではジョセフ・ナイ元国防次官補と会談しました。ナイ氏はクリントン政権時代に普天間返還の日米合意を主導していたため、この問題に最も精通している人物の一人と言えます。

ナイ氏は「様々な可能性を検証したが、その中で結局合意に至ったのは辺野古移設しかなかった」ということを強調していました。また、沖縄に辺野古反対の民意があることに理解を示しつつ、「辺野古移設は日米が合意している唯一のプランであることは間違いないので、尊重せざるをえない」と述べていました。

とはいえ、ナイ氏は現在のプランが本当に実行可能であるかどうかについては言及を避けました。「現在のところ辺野古移設しか案がないのでこれを尊重せざるをえないが、実行可能性については疑問視している」といった雰囲気でした。

ナイ氏はかつて朝日新聞のインタビューに対して「辺野古移設は長期的解決策にならない」と答えていました。その発言について確認したところ、「その通りだ」と述べ、「将来的には在日米軍基地を自衛隊と米軍が共同管理しながら、米軍が各基地を巡回する形をとるのが望ましい。ただし、そこに至るまでにはものすごく時間がかかるだろう」と言っていました。

ワシントンではニラフ・パテル元国務次官補代理とも会談しました。私がパテル氏に「辺野古の問題について政策変更できるとすれば、どのようなプランが考えられるか」と尋ねたところ、「辺野古が唯一の解決策とは必ずしも思わない。日本政府と沖縄の間に信頼関係が構築されれば、政策変更も可能かもしれない。しかし、現在のように政府と沖縄が対立している中で政策を変更すれば、日本政府が追い込まれていると見られ、周辺国に付け入る隙を与えかねない。また、それは日米両政府が合意したことを沖縄の反発のために変更するということなので、日米同盟が弱いと見られてしまう恐れもある」と言っていました。

もっとも、これらはあくまでも日本専門家たちの意見です。一般的には、アメリカでは辺野古はすでに終わった問題であると捉えられているように感じました。アメリカの関心はイスラム国やテロの問題、さらには中国の横暴さの問題へと移っているようでした。実際、東シナ海や南シナ海の問題については、彼らは身を乗り出して色々と話をしてくれました。

――沖縄の現状を見れば、とても辺野古の問題が終わったものとは思えません。

國場　私もアメリカで会った方々に「決して終わった問題ではない」ということを強く言いました。しかし、そのとき感じたのは、アメリカはたとえ辺野古に移設できなくとも、究極的には普天間基地を使えばいいと思っているのではないかということです。

それ故、私がいま最も危惧しているのは、普天間基地が固定化されてしまうことです。このような事態になることだけは何としても避けなければならないと思っています。

沖縄の理解者を増やす努力を

――普天間基地を県外移設することは考えられないのでしょうか。

國場　普天間基地が有する機能は3つあります。ヘリ運用機能、空中給油機に関する機能、緊急時に航空機を受け入れる機能です。このうち空中給油機に関する機能は岩国基地へ移転され、緊急時の受け入れ機能は築城基地と新田原基地に移転されました。また、沖縄にいる海兵隊のうち1万人近くがグアムやハワイなどの国外に移っていきます。その意味で、普天間基地の役割は激減しています。

さらに、現在の安全保障政策においては、いきなり海兵隊が投入されるのではなく、制海権や制空権、サイバー空間などを抑えた上で海兵隊が出ていくことになります。そのため、私自身は普天間基地は九州に移設しても問題ないと考えています。そもそも海兵隊の母港は長崎県の佐世保にあるので、九州の方がより機能的に動けると思います。

とはいえ、普天間の危険性を一日でも早く除去することは喫緊の課題です。日米合意を含めたあらゆる解決策を追求するということが現状のスタンスです。

――國場さんは沖縄選出の国会議員として、今後どのように基地問題に取り組んでいこうと考えていますか。

國場　私はいま、九州の国会議員や、私の属する宏池会の仲間たちと一緒に勉強会を開き、小野寺元防衛大臣や森本元防衛大臣などをお招きして意見交換を行っています。また、沖縄県外の方々から声をかけていただき、講演をさせてもらうこともあります。

本土でも基地問題への関心が高まっています。12月にテレビ朝日が行った世論調査では、

「辺野古の建設工事を進めていくことはよいと思うか」という質問に対して、「よいと思う」と答えた人は36％、「思わない」と答えた人は44％となっていました。

しかし、これは私自身が一番反省しなければならないことですが、沖縄選出の国会議員は沖縄の現状を多くの人に理解してもらうために、もっともっと努力しなければなりません。今後はこれまで以上に努力を重ね、沖縄の主張に共感してくれる人を一人でも増やしていきたいと考えています。

沖縄の想いを届ける

（『月刊日本』2018年8月号）

「沖縄特集で視聴率が落ちる」

——沖縄にとって6月23日の慰霊の日や辺野古移設は重要な問題です。しかし、いわゆる本土はそのような問題にあまり関心がないように感じます。沖縄に対する本土の無関心について、どのように考えていますか。

國場　確かに本土は沖縄が抱える問題に関心が薄いのだろうかと感じることはあります。たとえばメディアの方々からは、沖縄特集をやると雑誌の売り上げが落ちたり、テレビ番組の視聴率が落ちたりするという話を直接聞いたことがあります。

本来、沖縄戦や基地負担の問題は沖縄だけの問題ではなく、日本全体の問題です。特に日米安保条約や日米地位協定のあり方は、日本の主権に関わる国家的な課題です。

ただ、本土が沖縄の抱える問題に無関心な背景には、沖縄の姿勢によるところも大きいのではないかと思います。沖縄が本土に問題を提起する場合、沖縄は被害者として本土を糾弾する形になりがちです。そうすると、本土の国民は自分が責められている気がして、心理的負担を感じてしまうのかもしれません。

難しい問題ですが、どのような経緯であれ、日本全体にとって大切な問題をめぐって本土と沖縄が仲違いしてしまうのは不幸なことです。だから私の問題意識は、本土と沖縄が手を取り合いながら共通の課題に向き合うためにはどうすればいいか、ということです。

――本誌は「戦前・戦後を通じて本土は沖縄に犠牲を強いてきた。我々はその事実を認めた上で、不平等な構造を転換しなければならない」という問題意識を持っていますが、これは基本的に加害者の立場に立った議論であり、読者には受け入れづらいものかもしれません。

國場　そのような議論は沖縄には受け止めやすいものだと思います。ただ「加害者―被害者」という前提を見直さない限り、また、沖縄が糾弾から対話の方向へ姿勢を見直さない限り、本土と沖縄が連帯感を持って問題解決に取り組むことは難しいのではないかと感じています。逆に言えば、本土と沖縄がそのような関係を築くことができれば、必ず問題を解決できるはずです。

普天間問題は沖縄の誇りの問題だ

――　自民党は2013年に國場さんを含む沖縄選出の衆議院議員に「普天間基地の県外移設」の公約を撤回させた上で、見せしめのような会見を開きました。これは「加害者―被害者」関係の典型だと思います。

國場　当事者として忸怩たる思いがありますが、当時の沖縄では保革を問わず怒りの声があがりました。公約撤回は政策の問題ではなく誇りの問題だと受け止められたからです。沖縄の誇りが傷つけられた、絶対に許せないという激しい県民感情は、いまだに忘れることができません。

沖縄の問題を議論する上で、ぜひ理解していただきたいのは、沖縄は誇りを重んじる文化を持っているということです。

アジアの例にもれず、沖縄もプライドが高く、面子にこだわり、恥をかくことを嫌います。沖縄には450年の繁栄を築いた琉球王国の歴史があり、それを誇りに思っている人々はたくさんいます。

しかし、沖縄は近代以降は惨めな歴史を背負い、現在に至るまで苦しい現実に直面しています。いまでも沖縄の経済力や学力、離婚率、子どもの貧困率は全国ワーストです。

このように沖縄は過去の栄光と苦しい現実、誇りと悔しさ、自信と無力感の間で、非常に屈折した感情を抱え込んでいるのです。

たとえば、南洋道問題をご存知でしょうか。1908年、台湾総督府が沖縄県を直轄し、「北海道」と並ぶ「南洋道」を新設するという提案がなされました。これには沖縄県知事を務めた奈良原繁も賛同したそうですが、地元紙が社説で猛反発するなど多くの批判を浴び、立ち消えになりました。

もともと沖縄は1872年の琉球処分によって日本の一員になりましたが、台湾は1895年の下関条約で日本に割譲されました。しかし、日本政府は帝国大学や鉄道、ダムの設置など、台湾の近代化に力を入れましたが、沖縄の振興には台湾ほど力を注ぎませんでした。

その状況で、実現しなかったとはいえ、台湾に沖縄を合併する案が出てきたのです。当時の沖縄県民の悔しさ、切なさ、悲しさ、寂しさは察するに余りあります。

――日本政府にとって沖縄は台湾や朝鮮などの植民地と変わらなかったのかと思わざるをえません。

國場　言うまでもないことですが、沖縄は日本であり、沖縄県民は日本国民です。ただ、近代化の過程における本土と沖縄の関係は、日本と近隣諸国の関係と似ている部分はあるかもしれません。

たとえば、日韓、日中はずっと歴史問題などでモメていますが、沖縄が琉球王国、琉球藩、沖縄県と10年以上かけて中央集権体制に組み込まれていく過程を顧みると、なぜ日本政府がこうした国々とすれ違ってしまうかがわかる気がします。

日本政府は歴史問題をめぐる韓国側の主張に対して、史実に基づいて論理的に反論しています。しかし、いくら日本の反論が合理的だったとしても、韓国は納得しません。同じように、日本政府は普天間基地問題をめぐり沖縄県と最高裁で争い、勝訴しました。しかし、政府が最高裁の判決に基づいて埋め立てを正当化しても、いまの沖縄県政は納得していません。

これは論理や法律、政策の問題ではなく、感情の問題なのではないでしょうか。人間は頭で理解しても心が納得しなければ動かないものです。政府と沖縄県の関係も突きつめれば人間関係ですが、人間関係においては必ずしも正論が共感や納得につながるとは限らないのです。

政治家の使命は、言葉を心に届けることです。政治家の言葉が人々の心に届いたとき、初めて共感や行動につながり、成すべきことを成し遂げることができます。

私は沖縄選出の政治家の一人として、沖縄の想いを本土の方々に届け、お互いに力を合わせながら、沖縄が抱える日本全体にとって重要な問題を解決していく、そのために全力を尽くしたいと考えています。

＊第四部に収録したインタビューは再録です。再録にあたり、表現などを一部改めました。

おわりに

沖縄県では「万国津梁」という言葉が大切にされています。万国津梁とは「世界の架け橋」という意味です。

琉球王国時代、沖縄は海洋国家として、アジアをはじめ多くの国々と交流していました。沖縄の人々はそうした経験を通じ、自分たちの役割は様々な国や人々をつなぐ、世界の架け橋になることだと考えるようになったのだと思います。

1458年には、第一尚氏6代目の尚泰久王によって「万国津梁の鐘」と呼ばれる銅鐘が鋳造されています。これは1978年に国の重要文化財に指定されました。

この銅鐘には海洋国家としての気概を詠った漢文が刻まれています。この漢文を書き写した屏風が沖縄県庁の知事応接室に置かれています。沖縄県知事と要人の会談がテレビで報道されるとき、知事の後ろにこの屏風が映っているので、ご覧になったことがある方もいるかもしれません。

沖縄では至るところで万国津梁という言葉に出会います。2000年に沖縄県で開催された九州・沖縄サミットのメイン会場に選ばれた建物も、「万国津梁館」という名前です。

それほど沖縄では「架け橋」という姿勢が重視されているのです。

私は今日ほど「架け橋」という考え方が必要とされている時代はないと考えています。グローバル化が進み、日本を訪れる外国人観光客や外国人労働者が増える中、日本とアジアの架け橋、日本と世界の架け橋という視点が重要になっています。

また、普天間基地問題が複雑化している現在、沖縄選出の国会議員には沖縄と本土の架け橋になることが求められています。基地問題の現実的な解決策を模索する際にも、理想と現実の架け橋になるという姿勢が必要です。

そして、令和という新たな時代を迎えるにあたり、私たちは平成を通して大切に守ってきた「平和国家という国是」を、引き続き維持していかねばなりません。ここでも平成と令和の架け橋になることが求められているのです。

沖縄県で大切にされている言葉をもう一つあげると、「ちむぐくる（肝心）」です。本書で述べたように、この言葉は人の痛みを我がこととして受け止めるといった意味合いです。これは「人の痛みに寄り添う」とは違います。それでは主体と客体のように、自分と他者が分裂してしまいます。そうではなく、人の痛みを自分の一部として感じ取るということです。

残念ながら、沖縄では「ちむぐくる」が失われつつあるように感じます。しかし、私は悲観していません。沖縄はこれまで何度も苦難を乗り越え、不死鳥の如く蘇ってきました。今回もまた沖縄は厳しい状況を打開し、必ず「ちむぐくる」を取り戻すことができると信じています。

「一寸先は闇」と言いますが、私はむしろ「一寸先は光」と考えたい。希望を捨てず、前向きに政治活動に取り組んでいく。それが私の信念です。

本書をまとめるにあたっては、多くの方々にご協力いただきました。ご多用の中快く対談に応じていただいた元防衛大臣の小野寺五典先生、元外務省主任分析官で作家の佐藤優先生、東京工業大学の中島岳志先生に改めて感謝申し上げます。

私の政治の師である古賀誠先生、岸田文雄先生をはじめ、宏池会の先生方からは日頃の政治活動を通じて多くのご示唆をいただきました。

また、昭和一桁世代である後援会の宮城宏光顧問、松川久雄氏には「愚者は経験に学び、賢者は歴史に学ぶ」という言葉の通り、歴史の教訓を勉強させていただきました。

政治トーク番組などでご一緒させていただいている浦崎真作氏、屋良栄作氏、植田浩司氏などとのやり取りも、本書の骨格となっています。

雑誌『月刊日本』編集部の方々、特に中村友哉氏には編集の労をとっていただきました。感謝申し上げます。

その他にもたくさんの方々のお力をお借りしました。感謝を込めて皆様のお名前を列挙したいところですが、紙幅の都合により叶いません。誠に申し訳ございません。

末筆ながら、妻の美穂、家族、両親、いつも叱咤激励を頂戴する後援会と支援者の皆様、そして沖縄県民と日本国民に本書を捧げたいと思います。

令和元年6月23日　慰霊の日に

國場幸之助

【主要参考文献】

（第一部）

・大田昌秀『沖縄の決断』朝日新聞社、2000年
・鈴木宗男「ムネオ日記」2013年6月7日、2014年6月25日、6月26日
・船橋洋一『同盟漂流』岩波書店、1997年
・対馬丸記念館HP
・五百旗頭真、伊藤元重、薬師寺克行『野中広務 権力の興亡』朝日新聞社、2008年
・野中広務『老兵は死なず 野中広務全回顧録』文藝春秋、2003年
・御厨貴、牧原出『聞き書き 野中広務回顧録』岩波書店、2018年
・菊池正史『「影の総理」と呼ばれた男 野中広務』講談社、2018年
・魚住昭『野中広務 差別と権力』講談社、2006年
・翁長雄志『戦う民意』KADOKAWA、2015年

（第二部）

・李登輝『「武士道」解題 ノーブレス・オブリージュとは』小学館、2006年
・比嘉太郎『移民は生きる』日米時報社、1974年

・沖縄県公文書館HP「土地と移民」
・海外移住資料館だより「雄飛 沖縄移民の歴史と世界のウチナーンチュ」
・稲嶺一郎『世界を舞台に 稲嶺一郎回顧録』沖縄タイムス、1988年
・稲嶺一郎、仲里嘉彦「ロマンの世界をかけめぐる」(『自治新報』1988年6月、7月、8月、9月、10・11月号に収録)
・江上能義「沖縄議会総辞職事件と稲嶺一郎の琉球視察報告書」(『政策科学・国際関係論集 第3号』に収録)
・琉球新報社『戦後政治を生きて 西銘順治日記』琉球新報社、1998年
・宮内庁『昭和天皇実録 第十』東京書籍、2017年
・天皇皇后両陛下奉迎沖縄県実行委員会『両陛下十回の沖縄ご訪問』2018年

(第三部)
・大田昌秀、佐藤優『沖縄は未来をどう生きるか』岩波書店、2016年
・中島岳志『保守と立憲』スタンド・ブックス、2018年

その他、沖縄タイムス、琉球新報各紙なども適宜参照しました。

國場幸之助（こくば・こうのすけ）

1973 年 1 月 10 日、沖縄県那覇市生まれ。愛児幼稚園、開南小学校、上山中学校、沖縄尚学高等学校を経て、日本大学文理学部哲学科に入学するも中退。早稲田大学社会科学部に再入学し、雄弁会幹事長を務める。サラリーマンを 2 年務めたあと、27 歳のときに沖縄県議会議員選挙で初当選。20 代初の沖縄県議会議員となる。国政選挙に 3 度挑戦の末、2012 年の衆議院議員選挙で初当選。
2 度の落選と長い浪人生活、多くの修羅場、土壇場、正念場を経験し、苦労人として知られる。「万国津梁の衆知で経国済民」の理念と、沖縄にこだわる政治姿勢から、ときに中央政府とぶつかる反骨精神も持ち合わせる。多くの支持者、同志に支えられながら、沖縄と日本、そして世界との「架け橋」となるべく精力的に活動し、沖縄から日本を変える政治家として期待を集めている。
党国対副委員長、党副幹事長、沖縄県連会長などを歴任。現在、財務金融委員会委員、経済産業委員会・沖縄及び北方問題に関する特別委員会各理事、党国防部会長代理、党青年局次長、党商工・中小企業関係団体委員会副委員長などを務める。

「沖縄保守」宣言　壁の向こうに友をつくれ

2019年6月23日　第1刷発行

著　者　國場幸之助
発行者　南丘喜八郎
発行所　K&Kプレス
　　　〒102-0093
　　　東京都千代田区平河町2-13-1
　　　相原ビル5階
　　　TEL　03（5211）0096
　　　FAX　03（5211）0097

印刷・製本　中央精版印刷
乱丁・落丁はお取り換えします。

ISBN978-4-906674-73-2

日本会議をめぐる四つの対話――◆菅野完

『日本会議の研究』では暴けなかった闇の真実が一挙に見えてきた、村上正邦、白井聡、魚住昭、横山孝平との迫真の対論。

本体一五〇〇円

田中角栄を葬ったのは誰だ――◆平野貞夫

ロッキード事件の舞台裏を知る著者による、衝撃の告発。児玉誉士夫証人喚問の妨害で最も利益を得た者は、誰だったのか。

本体一六〇〇円

大西郷遺訓

――――◆立雲遠山満先生講評

命も名もいらぬ者でなければ、国家の大事は為し得ぬ。もし西郷南洲の決起がなければ、日本人の大事な魂を引き継ぐことはできなかったのだ。

本体九五二円

武教全書講録

――――◆吉田松陰（全訳注／川口雅昭）

松陰の武士道講義録の完全現代語訳。戦後初の出版、ついに成る。維新の志士達を鼓舞した武士の道徳や覚悟とは、何だったのか。

本体二〇〇〇円

われ、沖縄の架け橋たらん

◆國場幸之助

本土の人々に問いたい「あなたは沖縄を、ほんとに日本だと思っていますか?」
本土と沖縄の対立を深めたのは、米国でも中国でもなく、日本人自身だった。

本体一三〇〇円